中华文化风采录

传统建筑艺术

古老的都城

柳敏夏 编著

北方妇女儿童出版社

·长春·

图书在版编目(CIP)数据

古老的都城 / 柳敏夏编著. —长春 : 北方妇女儿童出版社, 2017.1
(传统建筑艺术)
ISBN 978-7-5585-0648-2

Ⅰ. ①古… Ⅱ. ①柳… Ⅲ. ①都城(遗址)—介绍—中国 Ⅳ. ①K928.5

中国版本图书馆CIP数据核字(2016)第311419号

古老的都城
GU LAO DE DU CHENG

出版人	刘 刚
策 划	书 韬
责任编辑	吴 桐 于佳佳
开 本	700mm×1000mm 1/16
印 张	6
字 数	48千字
印 刷	北京荣华世纪印刷有限公司
版 次	2017年4月第1版
印 次	2017年4月第1次印刷
出 版	北方妇女儿童出版社
发 行	北方妇女儿童出版社
地 址	长春市人民大街4646号
	邮 编：130021
电 话	总编办：0431-85644803
	发行科：0431-85640624
定 价	19.80元

习近平总书记说："提高国家文化软实力，要努力展示中华文化独特魅力。在5000多年文明发展进程中，中华民族创造了博大精深的灿烂文化，要使中华民族最基本的文化基因与当代文化相适应，与现代社会相协调，以人们喜闻乐见、具有广泛参与性的方式推广开来，把跨越时空、超越国度、富有永恒魅力、具有当代价值的文化精神弘扬起来，把继承传统优秀文化又弘扬时代精神、立足本国又面向世界的当代中国文化创新成果传播出去。"

为此，党和政府十分重视优秀的先进的文化建设，特别是随着经济的腾飞，提出了中国文化复兴的伟大号召。当然，要实现中华文化伟大复兴，首先要站在传统文化前沿，薪火相传，一脉相承，弘扬和发展五千多年来优秀的、光明的、先进的、科学的、文明的和自豪的文化，融合古今中外一切文化精华，构建具有中国特色的现代民族文化，向世界和未来展示中华民族具有独特魅力的文化风采。

中华文化就是居住在中国地域内的中华民族及其祖先所创造的、为中华民族世世代代所继承发展的、具有鲜明民族特色而内涵博大精深的传统优良文化，历史十分悠久，流传非常广泛，在世界上拥有巨大的影响，是世界上唯一绵延不绝而从没中断的古老文化，并始终充满了生机与活力。

浩浩历史长河，熊熊文明薪火，中华文化源远流长，滚滚黄河、滔滔长江是最直接的源头，这两大文化浪涛经过千百年冲刷洗礼和不断交流、融合以及沉淀，最终形成了求同存异、兼收并蓄的辉煌灿烂的中华文明。

中华文化曾是东方文化的摇篮，也是推动整个世界始终发展的动力。早在500年前，中华文化催生了欧洲文艺复兴运动和地理大发现。在200年前，中华文化推动了欧洲启蒙运动和现代思想。中国四大发明先后传到西方，对于促进西方工业社会发展和形成，曾起到了重要作用。中国文化最具博大性和包容性，所以世界各国都已经掀起中国文化热。

中华文化的力量，已经深深熔铸到我们的生命力、创造力和凝聚力中，是我们民族的基因。中华民族的精神，也已深深植根于绵延数千年的优秀文化传统之中，是我们的精神家园。但是，当我们为中华文化而自豪时，也要正视其在近代衰微的历史。相对于五千年的灿烂文化来说，这仅仅是短暂的低潮，是喷薄前的力量积聚。

中国文化博大精深，是中华各族人民5000多年来创造、传承下来的物质文明和精神文明的总和，其内容包罗万象，浩若星汉，具有很强的文化纵深感，蕴含丰富的宝藏。传承和弘扬优秀民族文化传统，保护民族文化遗产，已经受到社会各界重视。这不但对中华民族复兴大业具有深远意义，而且对人类文化多样性保护也是重要贡献。

特别是我国经过伟大的改革开放，已经开始崛起与复兴。但文化是立国之根，大国崛起最终体现在文化的繁荣发达上。特别是当今我国的大国和平崛起之路，必然也是我国文化实现伟大复兴的过程。随着中国文化的软实力增强，能够有力提升我们融入世界的步伐，推动我们为人类进步做出最大贡献。

为此，在有关部门和专家指导下，我们搜集整理了大量古今资料和最新研究成果，特别编撰了本套作品。主要包括传统建筑艺术、千秋圣殿奇观、历来古景风采、古老历史遗产、昔日瑰宝工艺、绝美自然风景、丰富民俗文化、美好生活品质、国粹书画魅力、浩翰经典宝库等，充分显示了中华民族厚重的文化底蕴和强大的民族凝聚力，具有极强的系统性、广博性和规模性。

本套作品全景展现，纵横捭阖，故事讲述，语言通俗，图文并茂，形象直观，古风古雅，格调温馨，具有很强的可读性、欣赏性和知识性，能够让广大读者全面触摸和感受中国文化的内涵与魅力，增强民族自尊心和文化自豪感，并能很好地继承和弘扬中国文化，创造未来中国特色的先进民族文化，引领中华民族走向伟大复兴，在未来世界的舞台上，在中华复兴的绚丽梦乡，展现出具有龙飞凤舞的独特魅力。

七朝都城——古都北京

华北平原上的东方古都 002

明朝时期大力扩建北京城 012

清朝对北京城大规模修建 019

古都民俗文化和民俗工艺 028

古都著名景观和宗教名胜 033

六朝都城——古都南京

荟萃山水人文的江南古都 042

朱元璋兴建世界第一城垣 048

清朝时古都的杰出名人 053

古都著名寺庙的历史沿革 059

目录

十三朝都城——古都西安

066　中华民族的文化摇篮

072　从半坡遗址到天府之国

077　汉朝在咸阳遗址建立都城

083　天下闻名的关中胜景

古都北京

七朝都城

北京是中国的首都、中央直辖市，是我国政治、文化、教育和国际交流中心，同时是我国经济金融的决策中心和管理中心。北京位于华北平原北端，东南与天津相连，其余为河北省所环绕。

北京有着3000多年的建城史和850余年的建都史，是“我国三大古都”之一，也是我国历史上的七朝古都，很具国际影响力。

北京荟萃了从元、明、清以来的中华文化，拥有众多名胜古迹和人文景观，是全球拥有世界文化遗产最多的城市，是中国文化的鲜明代表。

华北平原上的东方古都

北京最初见于记载的名字为蓟，在历史上曾是五代王朝的都城。北京位于华北平原的西北边缘，面积约1.6万多平方千米。

西山和军都山在南口关沟相交，形成一个向东南展开的半圆形大

■四合院 是我国华北地区民用住宅中的一种组合建筑形式，是一种四方形或长方形的院落。一家一户住在一个封闭式的院子里。四合院建筑，是我国古老、传统的文化象征。

北京钱市胡同

山弯，被称之为北京弯，它所围绕的小平原就是北京小平原。

老北京的传统民居主要是四合院。散落在市区的名人故居和王府一般都是比较正宗的四合院，如前海西街的恭王府。

胡同是北京民居建筑的另一特色，最早起源于元朝。北京的胡同达7000多条，最古老的胡同是三庙街，最长的胡同是东交民巷，最窄的胡同是前门大栅栏地区的钱市胡同。

北京在从辽代起的800多年里，建造了许多宏伟壮丽的宫廷建筑，使北京成为我国拥有帝王宫殿、园林、庙坛和陵墓数量最多、内容最丰富的城市。

古都北京的标志性建筑有天安门城楼、故宫、天坛、地坛、日坛、月坛、鼓楼、钟楼等。这些标志性建筑具有极强的象征性、统一性和完整性，这在其他

恭王府 始建于1776年，是和珅为自己修建的豪宅，时称和第。1851年，清末恭亲王奕䜣成为这所宅子的主人，改名恭王府，沿用至今。民国初年，这座王府被恭亲王的孙子溥伟以40万块大洋卖给教会，后由辅仁大学用108根金条赎回，并用作女生学堂。

牌坊 又名牌楼，为门洞式纪念性建筑物，是封建社会为表彰功勋、科第、德政以及忠孝节义所立的建筑物。也有一些宫观寺庙以牌坊作为山门，还有用来标明地名的。牌楼宣扬封建礼教，标榜功德，它是祠堂的附属建筑物，昭示家族先人的高尚美德和丰功伟绩，兼有祭祖的功能。

七大古都的标志性建筑中，都是不多见的。这些建筑既是建筑布局、建筑风格的精密图解，又是当时至高无上皇权意识的具体体现。

天安门城楼位于北京城传统的中轴线上，始建于1417年，原名承天门，取“承天启运、受命于天”的意思，是明清两代皇城的正门。

当时，天安门是一座黄瓦飞檐，朱漆金钉三层楼的五洞牌坊，1651年，改建为天安门。天安门城楼前面，是封闭状态的宫廷广场。

明清五百年间，朝廷有重大庆典时在天安门举行颁诏仪式。新中国成立后，天安门城楼成为国家举行重大庆典和集会的场所。

天安门城楼是集古代建筑艺术大成之作，也是封建等级制的形象体现，象征皇权的“九五之尊”。

走进天安门，就是闻名海内外的故宫。故宫又称

天安门城楼

紫禁城，建筑宏伟壮观，是我国乃至全世界现存最大的宫殿。故宫原是明清两代的皇宫，这里曾经居住过24位皇帝。

北京天坛以其布局合理、构筑精妙而扬名中外，是明清两代皇帝祭天和祈谷的地方，是我国现存最大的古代祭祀性建筑群。

天坛祈年殿

北京城市早期规划以明清两代的紫禁城宫为中轴线，中轴线南起永定门，北至钟鼓楼，长约7.8千米。北京中轴线从南往北依次为永定门、前门箭楼、正阳门、中华门、天安门、端门、午门、紫禁城、神武门、景山、地安门、后门桥、鼓楼和钟楼。

从这条中轴线的南端永定门起，就有天坛、先农坛、太庙、社稷坛、东华门、西华门、安定门、德胜门以中轴线为轴对称分布。永定门、中华门和地安门后来被拆毁。2007年前后，我国政府又重新修建了永定门城楼。

北京城池是我国明代和清代都城城防建筑的总称，由宫城、皇城、内城、外城组成，包括城墙、城门、瓮城、角楼、敌台、护城河等多道设施，曾经是我国存世最完整的古代城市防御体系。

北京城门是明清时期北京城各城门的总称。根据

永定门 始建于明嘉靖时期，共跨越了明、清两代。位于左安门和右安门之间，是老北京外城七座城门中最大的一座，也是从南部出入京城的通衢要道。永定门城楼的形式和构造与内城门一样。永定门于1957年被拆除，现存城楼为2004年重建。

定陵 明十三陵之一，为明代万历皇帝朱翊钧和他两位皇后的陵墓。建于1584到1590年，占地面积18万平方米。定陵地宫是十三陵中唯一被开发的地下宫殿。地宫共出土各类文物3000多件，其中有四件国宝：金冠、凤冠、夜明珠和明三彩。

等级以及建筑规格的差异，分为宫城城门、皇城城门、内城城门、外城城门4类。

清朝结束后，除宫城保留较好外，现皇城城门只有天安门被保留，内城仅存正阳门、德胜门箭楼、东南角楼以及崇文门一段残余城墙。

颐和园是北京著名的旅游景点，也是我国最有名的皇家园林，在中外园林史上享有盛誉，具有很高的艺术价值，被誉为“万园之园”。

明十三陵是北京最大的皇家陵寝墓群，内有明朝13位皇帝的陵墓，尤其是明定陵，它的规模浩大，极为壮观。

古都北京具有浓厚的宗教文化。城区有许多著名

■北京故宫护城河

的宗教建筑。这些宗教名胜是古都北京宗教文化兼收并蓄、海纳百川，以及民族大融合的见证。

北京地区的宗教主要是佛教、道教、伊斯兰教、天主教、基督教。其中佛教、道教和伊斯兰教对北京的历史、文化、艺术产生过较大的影响。

北京的宗教寺庙遍布整个城区，现存著名的宗教场所有法源寺、潭柘寺、戒台寺、云居寺、八大处、白云观、牛街礼拜寺、雍和宫、西什库天主堂、王府井天主堂、缸瓦市教堂、崇文门教堂等。

北京的著名学府有北京大学和清华大学。北京大学上承古代的太学、国子监学。清华大学是清代末年文化运动的产物。这两所学府既是我国传统文化直接

太学 是我国古代的大学。始于西周，汉代设在京师。汉武帝时在长安设太学，初设五经博士专门讲授儒家经典《诗》《书》《礼》《易》《春秋》。魏晋至明清时期，或设太学，或设国子学、国子监，或同时设立，均为传授儒家经典的最高学府。

的继承者，又是新文化的开创者，同时也是我国国民教育的播种者。

北京大学创立于1898年，初名京师大学堂，是我国第一所国立大学，也是我国在近代史上正式设立的第一所大学。北大传承我国数千年来国家最高学府太学、国子监的学统，既是古代最高学府的延续，又是近代高等教育的开端，可谓“上承太学正统，下立大学祖庭”。

1951年6月，马寅初教授被任命为新中国成立后的北京大学的第一任校长。1952年，院系调整后，北京大学从北京城内沙滩迁到现在的校址，即海淀区颐和园路5号。校园占地面积2.7平

■清华大学石碑

■清华大学大门

清华大学校园里的清华学堂

方千米，成为一所侧重于基础学科教学和研究的文理科综合大学。

清华大学，地处北京西北郊繁盛的园林区，其占地面积约4平方千米，是在几处清代皇家园林的遗址上发展而成的。

清朝康熙年间，清华园称熙春园，先后有雍正、乾隆和咸丰3位皇帝居住在此。咸丰年间熙春园改名为清华园。

清华大学的前身是清华学堂，始建于1911年。1912年，清华学堂更名为清华学校。清华大学发展初期，以国学研究院四大导师王国维、梁启超、陈寅恪、赵元任以及以李济为代表的清华学者，主张“中西兼容、文理渗透、古今贯通”，形成了著名的清华学派，对清华的发展产生了深远的影响。

国子监 是我国古代隋朝以后的中央官学，为我国古代教育体系中的最高学府，又称国子学或国子寺。明朝时期行使双京制，在南京、北京分别设国子监，设在南京的国子监被称为“南监”或“南雍”，而设在北京的国子监被称为“北监”或“北雍”。

北京全聚德烤鸭店牌坊

景泰蓝 又称"铜胎掐丝珐琅"，俗名"珐蓝"，又称"嵌珐琅"，是一种在铜质的胎型上，用柔软的扁铜丝，掐成各种花纹焊上，然后把珐琅质的色釉填充在花纹内烧制而成的器物。因在明代景泰年间盛行，使用的珐琅釉多以蓝色为主，故而称为景泰蓝。

古都北京不仅具有深厚的文化底蕴，其丰富的民俗文化更是洋洋大观。

京剧、京韵大鼓、京味儿相声是老北京传统文化的精华。而养鸽子、养蛐蛐、吹糖人、抖空竹等习俗，则是老北京人喜闻乐见的娱乐活动。

除了丰富的民俗文化，古都北京也有很多特色工艺。景泰蓝、玉雕、牙雕、雕漆、金漆镶嵌、花丝镶嵌、宫毯和京绣等工艺门类，俗称燕京八绝。这些工艺都曾经专门为宫廷服务，真可谓是老北京宫廷技艺的精华。

北京老字号就是古都历史文化的宝贵遗产和行业典范，主要有全聚德烤鸭、便宜坊烤鸭、稻香村糕点、六必居酱菜、王致和腐乳、吴裕泰茶庄、同仁堂药店、戴月轩笔店、荣宝斋字画等。

此外，北京的风味小吃也有着独特的帝都特色。北京小吃历史悠久、品种繁多、用料讲究、有口皆碑。

清朝文人杨米文在《都门竹枝词》中十分详细地介绍了当时的北京小吃：

三大钱儿卖好花，切糕鬼腿闹喳喳，
清晨一碗甜浆粥，才吃茶汤又面茶；
凉果炸糕甜耳朵，吊炉烧饼艾窝窝，
叉子火烧刚卖得，又听硬面叫饽饽；
烧卖馄饨列满盘，新添挂粉好汤圆。

全聚德建筑

阅读链接

荣宝斋是驰名中外的老字号，始创于1672年，前身是松竹斋，1894年又设荣宝斋为其连号，并增设“帖套作”机构，为后来木版水印事业的发展奠定了基础。

荣宝斋作为我国传统文化艺术面向世界的窗口，曾经走过曲折的道路。荣宝斋几经变迁后成为繁荣我国传统书画的艺苑，被誉为“书画家之家”。

荣宝斋具有精湛的装裱、装帧和古旧破损字画修复技术，收藏了许多元、明、清及近现代艺术珍品，其中有著名的米芾《苕溪诗》残卷等国家一级文物。

明朝时期大力扩建北京城

1368年，朱元璋攻陷元大都，将大都改称北平府。1398年，皇太孙朱允炆即位，年号建文。燕王朱棣发动靖难之变，从他侄儿的手里夺取了帝位。

朱棣即位后，首先迁都北平并把北平改称北京。从1406年开始，北京进行大规模扩建，延续15年之久。

■朱元璋（1328年～1398年），明太祖朱元璋，字国瑞，明朝开国皇帝，原名朱重八。1368年于南京称帝，国号明，年号洪武，建立了全国统一的封建政权。其统治时期被称为“洪武之治”。

紫禁城角楼

明朝是我国历史上由朱姓建立的中原王朝，历经12世、12位皇帝，共276年。

明朝共有224年定都于北京。从而使得城市的格局既有很强的继承性，又有自身的特点。城的四角都建了角楼，又把钟楼移到了全城的中轴线上。

明朝北京城由宫城、皇城、内城和外城4个部分组成。紫禁城是一座长方形的城池，四周有高10米多的城墙围绕，城墙的外沿周长约3.4千米。紫禁城城墙四边各有一门，城墙的四角有四座设计精巧的角楼。

皇城位于京城内，环绕在宫城外，是拱卫皇宫并为皇宫提供各种服务和生活保障的特殊城池，面积约7平方千米。

皇城的正门是天安门，位于皇城南垣正中。明时称承天门，1651年改建并易名为天安门。天安门的高大城台下有5个拱形门洞，这便是天安门实际意义上

中原 一个地域概念，是指以河南为核心延及黄河中下游的广大地区，这一地区是中华文明的发源地，被古代华夏民族视为天下中心。古人常将“中国”“中土”“中州”用作中原的同义语。一般认为，中原地区在古代系华夏族部落集中分布的区域，中心是古豫州。

的门了。

在5个门洞中，中间的门洞最大，这座门等级最高，明、清时只有皇帝才可由此门通过。其余四个门洞分列左右。依次缩小，允许宗室王公和三品以上的文武官员出入。最外的两个门洞最小，各为四品以下官员的通道。

皇城的东门称东安门，位于皇城东墙中间偏南。始建于1417年，1912年遭到焚毁。皇城的西面是西安门，位于皇城西墙中段偏北处，后被焚毁殆尽。

皇城的北面是北安门，清代改称地安门。地安门位于皇城北墙正中，始建于1420年。清代顺治、乾隆年间都曾重修，1954年被拆除。

天安门的正南有大明门，位于城市中轴线上，是明清两代皇城正门天安门的外门，又称“皇城第一门”，始建于明代永乐年间，清初改称大清门，后称中华门。

天安门前的东西两侧有长安左门和长安右门，长安街也因二门而得名，取长治久安之意。长安左门为皇城天安门的东复门，长安右门

北京天安门

■北京德胜门箭楼

为天安门的西复门。

北京内城位于皇城和外城之间，内城城墙是明朝在元大都城墙的基础上经多次改建而成的。周长40千米，其位置大体与今北京东城、西城两区相当。

清朝入关后，清廷下令圈占内城的房舍给旗人居住。内城以皇城为中心，由八旗分立四角八方。

内城一共有9座城门，沿现在的北京二环路分布，分别是正阳门、崇文门、朝阳门、东直门、安定门、德胜门、西直门、阜成门、宣武门。

西直门明代称和义门，是运水通道。东直门明代称为崇仁门，是过往运送柴炭车的门，叫做柴道。只要是老百姓日常生活所必需的，都可在这条街上找到。朝阳门明代称为齐化门，是运粮通道。崇文门叫哈德门，是运送酒的通道。

正阳门位于内城南垣的正中，是皇帝专用通道。

八旗 八旗制度，是清太祖努尔哈赤于1601年正式创立，初建时设黄旗、白旗、红旗和蓝旗四旗。1614年将四旗改为正黄、正白、正红、正蓝，并增设镶黄、镶白、镶红、镶蓝四旗，合称八旗，统率满、蒙、汉族军队。皇太极继位后又创建了蒙古八旗和汉军八旗，其编制与满八旗相同。

皇上每年冬季到天坛祭天，惊蛰到先农坛去耕地，这两次出行都是要走正阳门。正阳门也叫前门。

宣武门叫顺治门，死囚从此门押出，拉到菜市口斩首。明清处决死囚选择闹市区，目的是起到震慑作用。阜成门当时叫平则门，是运煤通道。德胜门是军队得胜班师回朝进入的门。

外城是老北京最外侧的一道城墙。北京的外城城墙是明嘉靖年间为防御外敌而修建的。外城城墙与内城城墙相比低矮得多。外城城墙结构与内城基本一致，其周长约14千米，共设有7座城门。

古代最大的建筑群北京宫殿，曾经有24个明、清皇帝在其内统治我国达5个世纪之久。宫殿的营建始于1417年，完成于1420年。

北京宫殿中的“外朝内廷”“东西六宫”“三朝五门”“左文华右武英”“左祖右社”人工堆作万岁山等

菜市口 清朝著名的杀人法场，位于宣武区菜市口百货商场附近。犯人被杀后便有人在此卖菜，菜市生意兴隆，故菜市口由此而得名。早在辽时，菜市口是安东门外的郊野，金时是施仁门里的丁字街，明朝是京城最大的蔬菜市场，菜市最集中的街口称为“菜市街”，清朝时改称菜市口，并沿用下来。

北京外城城墙

做法，是仿照明初南京宫殿的模式，规模比南京大。

■祭祖圣地太庙

建筑北京宫殿只花了4年时间，这么大的建筑群能在短时期内完成，显然和我国传统木构架建筑技术的优点是分不开的，但也和提前备料有关。

紫禁城大内宫殿仍沿旧宫基址的原有轴线布置，四面开门，设角楼。全城分为外朝和内廷两部分。外朝以中轴线上的奉天、华盖、谨身三殿为中心。内廷的建筑以中轴线上的乾清宫、交泰殿、坤宁宫三宫为中心，这是皇帝和皇后的住所。

此外，内廷还有供皇太子和皇子们居住的瑞本宫，祭祖用的奉先殿，先朝宫妃养老的仁寿宫，以及管理宫内事务的各种司、局等。

城前两侧还有两组重要建筑群，东侧是太庙，奉祀皇帝历代祖先，这是皇权世袭神圣不可侵犯的象征。西侧是社稷坛，坛上铺五色土，这意味着“普天

世袭 指某专权一代继一代地保持在某个血缘家庭中的一种社会概念，为政治世袭和经济世袭两类。自汉朝开始，官职不许世袭。从魏晋开始，世袭被进一步区分为世袭罔替和世袭。从宋朝开始，出现了爵位不能世袭的现象。明朝皇族封爵均世袭罔替。清朝世袭罔替的爵位主要为铁帽子王。

乌瞰御花园

之下，莫非王土”。这两组象征意义极强的建筑是根据传统的“左祖右社”的形制来布置的。

紫禁城外还有一座小城北海团城，团城、紫禁城各处门没有大的区别。皇城只存天安门和端门，内城只留正阳门、德胜门箭楼及东南角楼。

阅读链接

长安左门是皇城天安门的东复门。因明清殿试后将黄榜张挂在左门外临时搭建的龙棚内。考生们聚此看榜，一旦金榜题名，犹如鱼跃龙门，所以古时又称此门为“龙门”“孔圣门”，为附“左青龙、右白虎”之意，又称“青龙门”。

长安右门为西复门，每年的“秋审”“朝审”，都在此门内举行。届时全国死囚都要入此门进行讯问，确认无疑者即绑缚刑场执行。囚犯一旦入长安右门如入虎口，凶多吉少，故此门又称为“虎门”，为附“左青龙、右白虎”之意，此门又称“白虎门”。

清朝对北京城大规模修建

清朝时期的北京城，与明朝时相比没有太大的变化，只是经过几次大规模的修缮。1754年，乾隆扩建了天安门前的宫廷广场，1760年竣工。

增筑长安左门外围墙，长安右门外围墙，各设3座门。除此之外，个别城门名称有所改易。

清军占领北京并决定在此建都后，就立即着手修复北京宫室。1644年，顺治皇帝命人重建内廷皇帝居室乾清宫。1645年，乾清宫修建完工。清朝又续建原皇极殿、皇

■顺治（1638年～1661年），爱新觉罗·福临，清世祖，清朝的第三位皇帝，同时也是清朝入关后的第一位皇帝，满族人，是清太宗爱新觉罗·皇太极的第九子。在位18年，死后葬于孝陵，庙号世祖。

康熙 康熙帝，清朝第四位皇帝，也是清定都北京后第二位皇帝。年号康熙，康熙二字取万民康宁、天下熙盛之意。康熙是我国历史上在位时间最长的皇帝。他是我国统一的多民族国家的捍卫者，奠定了清朝兴盛的根基，开创出康乾盛世的大局面。

极门、中极殿和位育宫等建筑。

1647年，在午门上建成五凤楼。1651年，重建承天门并改称天安门。1652年，修皇城北安门并改称地安门。1653年，重建慈宁宫。

1656年，内廷三殿和东西六宫中靠近中路的东三宫和西三宫整体建成，都沿用明代的旧称。由此，清北京内廷区也较完备了。1657年，大内昭事殿、奉先殿先后建成。

康熙盛世，清朝对北京宫室续加经营。1667年重建午门和天安门之间的端门。1669年重建太和殿，乾清宫。1695年再次重建太和殿。1683年重建启祥、长春、咸福三宫。1686年又重建延禧、永和、景阳三宫。至此，内廷东西十二宫完备。

故宫乾清宫内的大殿

1697年，康熙重建坤宁宫东西暖殿和乾清宫两旁的昭仁殿和弘德殿。

至此以后，清朝北京大内外朝、内廷宫殿基本恢复明代旧观。康熙还在奉先殿西侧建了毓庆宫，作为皇太子居所，又在明仁寿宫旧址建宁寿宫，作为皇太后居所。

清朝北京皇宫在顺治、康熙两朝虽然仍属于恢复阶段，但其宏伟壮丽在世界上已经堪称一流。皇宫里有许多汉白玉石狮及其他工艺品，令人赏心悦目，赞叹不已。

故宫内的国宝青花云龙瓶

宫殿的建筑结构与欧洲不同，中华帝国一切稀世珍宝，在皇城里无不应有尽有。

北京作为一座伟大的城市，从元朝至清前期的400多年间，其宏伟壮丽在世界上始终占据首位。

清朝历经康熙、雍正及乾隆三帝，综合国力及经济文化逐步得到恢复和发展，拥有了庞大的领土与藩属国，史称“康雍盛世”。

清朝建筑也沿用了明朝的帝王宫殿，清朝帝王兴建了大规模的皇家园林，这些园林建筑是清代建筑的精华，其中包括华美的圆明园与颐和园。

园林建筑 建造在园林和城市绿化地段内供人们游憩或观赏用的建筑物，常见有亭、廊、阁、轩、楼、台、舫、厅堂等建筑物。通过建造这些主要起到为园林造景，为游览者提供观景的视点和场所，并提供休憩及活动空间等作用。

圆明园遗址

被称为“万园之园”的圆明园建于1707年，坐落在北京西郊海淀区。它与颐和园相邻，由圆明园、长春园、绮春园三园组成。是清朝帝王在150多年间创建和经营的一座大型皇家宫苑。

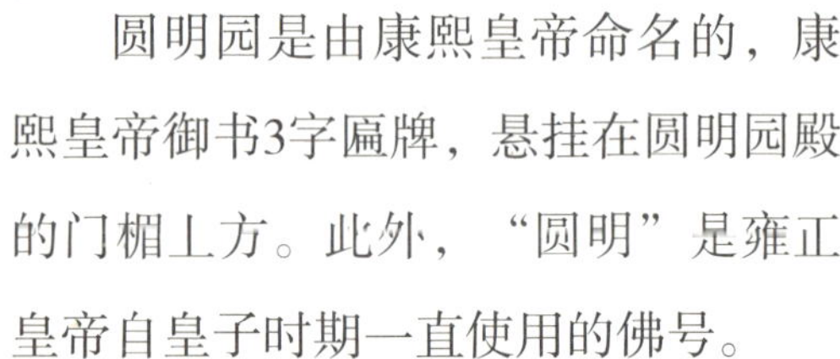

圆明园是由康熙皇帝命名的，康熙皇帝御书3字匾牌，悬挂在圆明园殿的门楣上方。此外，“圆明”是雍正皇帝自皇子时期一直使用的佛号。

圆明园是清朝著名的皇家园林之一，面积约3.5平方千米。圆明园最初是康熙皇帝赐给皇四子胤禛的花园。

胤禛（1678年～1735年），清世宗爱新觉罗·胤禛，是清朝第五位皇帝，清入关后的第三位皇帝。年号雍正，庙号世宗。雍正在位时期，平定叛乱，设置军机处加强皇权，实行“改土归流”“火耗归公”与“打击贪腐”等铁腕改革政策，对康乾盛世的连续起到了关键性作用。

胤禛于1723年即皇位后，拓展原赐园，并在园南增建了正大光明殿和勤政殿以及内阁、六部、军机处诸值房，御以“避喧听政”。

圆明园遗址内的石柱

乾隆皇帝在位60年，对圆明园时常修缮，除了对圆明园进行局部增建、改建之外，还新建了长春园。到1770年，圆明三园的格局基本形成。

嘉庆时期，主要对绮春园进行修缮和拓建。道光时期，国事日衰，财力不足，但宁撤万寿、香山、玉泉“三山”的陈设，罢热河避暑与木兰狩猎，仍不放弃对圆明三园的改建和装饰。

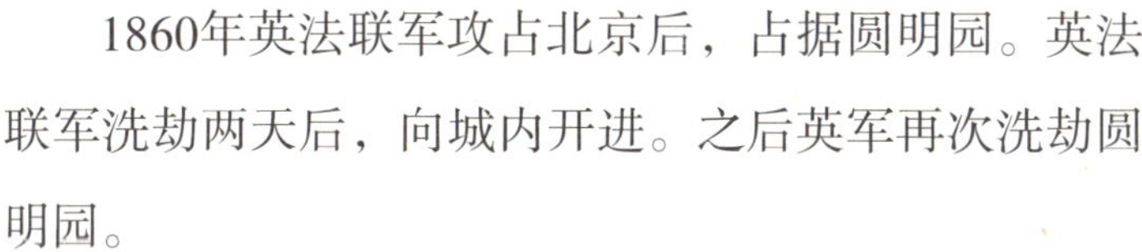

1860年英法联军攻占北京后，占据圆明园。英法联军洗劫两天后，向城内开进。之后英军再次洗劫圆明园。

10月18日，英军冲入圆明园，纵火焚烧圆明园，大火三天不灭，圆明园及附近的清漪园、静明园、静宜园、畅春园及海淀镇均被烧成一片废墟，安佑宫中，近300名太监、宫女和工匠葬身火海。八国联军这一可耻行径成为世界文明史上罕见的暴行。

火烧圆明园，这是人们说惯了的一个提法。其实，火烧的不仅仅是圆明园，而是火烧京西皇家三山五园，焚毁的范围远远比圆明园大得多。

嘉庆 清仁宗爱新觉罗·颙琰的年号，嘉庆前后共25年。1820年8月，清宣宗即位后沿用此称。嘉庆皇帝力主严禁鸦片，对英国侵略者保持了高度警惕性，对英国提出的无理要求明智地严辞拒绝。

三山五园　北京西郊一带皇家行宫苑囿总称，从康熙至乾隆时陆续修建起来。自辽、金以来，北京西郊即为风景名胜区，西山以东层峦叠嶂，山水衬映，历代王朝都在此地营建行宫。三山五园始建于清康熙时期，兴盛于乾隆时期，多在1860年第二次鸦片战争中被焚毁。

历史上侵略军火烧圆明园曾有两次。第一次是1860年，英法联军入侵北京。英法联军火烧圆明园的本意是将其夷为平地，但是由于圆明园的面积太大，景点分散，而且水域辽阔，一些偏僻之处和水中景点幸免于难。第二次是1900年，八国联军入侵北京，再次火烧圆明园，使这里残存的13处皇家宫殿建筑又遭掠夺焚毁。

除了圆明园外，古都北京还有一处我国现存规模最大、保存最完整的皇家园林，它就是颐和园。

颐和园前身是清漪园，始建于1750年，历时15年竣工，是清代北京著名的“三山五园”之一。颐和园拥有多项世界之最、中国之最，1998年被列入《世界遗产名录》。

颐和园位于北京市海淀区，距北京城区15千米，占地约3平方千米。颐和园是利用昆明湖、万寿山为基址，以杭州西湖风景为蓝本，汲取江南园林的某些

颐和园镇水铜牛

颐和园石舫

设计手法和意境而建成的一座大型天然山水园，也是保存得最完整的一座皇家行宫御苑，被誉为皇家园林博物馆。

颐和园原本是清代帝王的行宫和花园，水面约占总建筑面积的四分之三。乾隆即位以前在北京西郊一带已经建起了四座大型皇家园林。从海淀到香山，这四座园林自成一个体系，中间的“瓮山泊”便成了一片空旷地带。

1750年，乾隆皇帝为孝敬其母崇庆皇太后，把这里改建为清漪园，以此为中心把两边的四个园子连成一体，形成了长达20千米的皇家园林区。

1860年，清漪园被英法联军焚毁。1888年，慈禧太后以筹措海军经费的名义动用数百万银两，重建此园，改称颐和园，作为消夏游乐地。到1900年，颐和园又遭“八国联军”的破坏，许多珍宝被劫掠一空。

1903年，光绪皇帝对清漪园加以修复。后来在军

八国联军 指1900年以军事行动侵入我国的大英帝国、法兰西第三共和国、德意志帝国、俄罗斯帝国、美利坚合众国、日本帝国、意大利王国、奥匈帝国的八国联合军队。这一事件最后以大清王朝战败，联军占领首都北京、清朝政府逃往陕西西安，谈和以后清朝付出白银4.5亿为终。

康有为（1858年～1927年），又名祖诒、字广厦、号长素，晚年别署天游化人，广东南海人，人称“康南海”，清光绪年间进士，官授工部主事。出身于仕宦家庭，乃广东望族，世代为儒，以理学传家。近代著名政治家、思想家、社会改革家、书法家和学者，著有《康子篇》《新学伪经考》等。

阀混战、国民党统治时期，清漪园又遭破坏。1949年后，人民政府不断拨款修缮。

晚清时期，颐和园成为最高统治者在紫禁城之外最重要的政治和外交活动中心。1898年，光绪帝曾在颐和园仁寿殿接见维新思想家康有为，询问变法事宜。戊戌变法失败后，光绪被长期幽禁在园中的玉澜堂。颐和园因此被后人称为最豪华的监狱。

1900年，颐和园又遭八国联军洗劫，第二年，慈

颐和园佛香阁

禧从西安回到北京后，再次动用巨款修复此园。1924年，颐和园作为对外开放公园。重修的颐和园占地面积近3000平方米。

颐和园内的建筑以佛香阁为中心，园中有景点建筑物百余座、大小院落20余处，面积7万多平方米，共有亭、台、楼、阁、廊、榭等不同形式的建筑3000多间。古树名木1600余株。

鸦片战争时期，西方列强迫清政府签订不平等条约，以武力获得在华利益。清代在抵抗外侮与内忧的同时，也一直处于改革派与守旧派拉锯战相持不下的局面。

1911年辛亥革命爆发，1912年宣统帝于2月12日退位，清代正式灭亡。清代从后金建立开始算起，共有12帝，历时296年，自入关并迁都北京以来，共历10帝，历时268年。古都北京也结束了它辉煌而坎坷的身为历代封建皇都的历史。

阅读链接

颐和园昆明湖畔的玉澜堂是一座三合院式的建筑，正殿玉澜堂坐北朝南，东配殿霞芬室，西配殿藕香榭。三个殿堂原先均有后门，东殿可到仁寿殿，西殿可到湖畔码头，正殿后门直对宜芸馆。

该组建筑初建于乾隆十五年，原为一组四通八达的穿堂殿。1860年被英法联军烧毁，1886年重建。“戊戌变法”失败后，曾于此处囚禁光绪。当时为防止光绪与外界接触，曾砌了多道墙壁，今虽大部分拆除，但仍能见到痕迹。

正殿内陈设大都是乾隆时制品，御案后紫檀木屏风很有特色，画面立体感很强。宝座、御案、香几等均为浅色沉香木和深色紫檀木制成，极为珍贵。

东暖阁是早膳室，西暖阁为寝宫，现在的陈设均为原物。大殿内的陈设大多是乾隆时遗物。后檐及两配殿均砌砖墙与外界隔绝，是颐和园中一处重要的历史遗迹。

古都民俗文化和民俗工艺

古都北京有着深厚的文化底蕴，民俗文化蔚为大观。这些传统文化中，无不体现出老北京人优雅、乐观的生活状态。

京剧、京韵大鼓、京味儿相声是老北京传统文化的精华，而养鸽子、养蛐蛐、养蝈蝈、吹糖人、捏面人、抖空竹等习俗，则是老北京人乐观生活的体现。

北京的京剧艺术闻名海外，是我国四大国粹之一。京剧是我国主要剧种之一，京剧在1840年前后形成于北京，盛

■脸谱　我国戏曲演员脸上的绘画，用于舞台演出时的化妆造型艺术。不同的行当，脸谱也不同。“生”“旦”面部化妆简单，而“净行”与“丑行”面部绘画比较复杂，特别是“净”，都是重施油彩的，图案复杂，因此称“花脸”。戏曲中的脸谱，主要指“净”的面部绘画。而“丑”，在鼻梁上抹一小块白粉，俗称“小花脸”。

北京的面人玩具

行于20世纪30至40年代，当时有国剧之称。京剧从产生以来曾经有过许多名称，有乱弹、簧调、京簧、京二簧、皮簧、二黄、大戏、国剧、京戏、京剧等。

京剧音乐属于板腔体，主要唱腔有二黄、西皮两个系统，所以京剧也称皮黄。京剧常用唱腔还有南梆子、四平调、高拔子和吹腔等。

京剧的传统剧目约有1000个。京剧角色的行当划分比较严格，早期分为生、旦、净、末、丑、武行、龙套七行，以后归为生、旦、净、丑四大行，每一种行当内又有细致的分工。京剧脸谱分为整脸、英雄脸、六分脸、歪脸、神仙脸、丑角脸等。京剧的名角有谭鑫培、梅兰芳、尚小云、盖叫天等。

京剧的代表剧目有《霸王别姬》《白蛇传》《定军山》《贵妃醉酒》《金玉奴》《穆桂英大破天门阵》《玉

板腔体 我国戏曲、曲艺音乐中的一种结构体式。或称“板式变化体”。以对称上下句作为唱腔基本单位，在此基础上，按照一定变体原则，演变为各种不同板式。通过各种不同板式的转换构成一场戏或整出戏的音乐。曲艺中如大鼓、河南坠子等，都属板腔体。

■ 京剧《霸王别姬》剧照

堂春》《让徐州》《搜孤救孤》《徐策跑城》等。

在北京剧种中，仅次于京剧地位的便是京韵大鼓。京韵大鼓是北京地区的一种民间曲艺，特点是以北京话为语言基础，唱中有说，说中有唱。京韵大鼓最初是在河北省沧州、河间一带流行的木板大鼓发展而来，形成于北京、天津两地。

河北木板大鼓传入天津、北京后，艺人刘宝全改以北京的语音声调来吐字发音，吸收石韵书、马头调和京剧的一些唱法，创制新腔，专唱短篇曲目，称京韵大鼓。基本唱腔包括慢板和紧慢板。韵白在京韵大鼓演唱中也有重要的位置，韵白讲究语气韵味，要半说半唱，与唱腔自然衔接。

刘宝全（1869年~1942年），京韵大鼓演员，刘派京韵大鼓创始人。刘宝全的大鼓唱腔是综合胡十、宋五、霍明亮三家之长加以创造而形成的。他还把京剧、河北梆子、石韵等表现手法融合到京韵大鼓的唱腔和表演中。

除了京剧和京韵大鼓，在北京民间最喜闻乐见的就是京味儿相声。

相声一词，古作像生，原指模拟别人的言行，后来发展成为像声，又称隔壁像声。

京味儿相声起源于华北地区的民间说唱曲艺，在明朝就已盛行。

经清朝时期的发展直到20世纪初，像声逐渐从一个人模拟口技发展成为单口笑话，名称也就随之转变为相声。

后来，单一类型的单口相声逐步发展为多种类型的单口相声、对口相声、群口相声。经过多年的发展，对口相声最终成为最受观众喜爱的相声形式。

张三禄是目前见于文字记载最早的京味儿相声艺人。他的艺术生涯始于清朝的道光年间。但是一般来说，相声界把朱绍文称作他们的祖师爷。传统相声四

口技 民间的表演技艺，是杂技的一种。古代的口技只是一种仿声艺术，表演者用口模仿各种声音，能使听的人产生一种身临其境的感觉，是我国文化艺术的宝贵遗产之一。这种技艺，清代属“百戏”之一，表演者多隐身在布幔或屏风后边，俗称“隔壁戏”。

相声演员陶像

大基本功是说、学、逗、唱。

老北京除了这些广为流传的曲艺活动，还有一些闻名全国的娱乐习俗，如养鸽子、养蝈蝈、斗鸡等。

除了民间曲艺和娱乐习俗，古都北京的特色工艺也远近闻名。最著名的有景泰蓝、玉雕、牙雕、雕漆、金漆镶嵌、花丝镶嵌、宫毯、京绣等八大工艺门类，俗称燕京八绝。

这八大特色工艺几乎都有一个共同的特点，那就是它们都曾经是专门为宫廷服务的，日后才逐步流入民间，因此，可以看作是老北京宫廷技艺的精华。

流行于北京民间的还有吹糖人手艺、捏面人手艺和毛猴工艺品。这些精美绝伦的艺术品历经千年经久不衰，更体现出古都古文化的无穷魅力。

阅读链接

捏面人这种手艺流传到如今有两三百年的历史。传说当年，刘墉在北京当官，厨房里有个大师傅也姓刘。

这一年，刘厨师老家来了个王姓亲戚，因为家乡年景不好，就来投奔京城的刘师傅，在刘墉府上干些杂活。

老王很会做面活，捏什么像什么，受到刘墉和皇帝的赏赐。后来，老王又琢磨着捏出了许多人物，花样越捏越多，手艺也越干越精。

老王年纪大了，就把手艺传给了儿子，还收了几个孩子做徒弟。捏面人这门手艺也就一代一代在北京传了下来。

古都著名景观和宗教名胜

古都北京曾有“燕京八景”的说法，然而，伴随着岁月的风霜雨雪和兵灾人祸，这些景观大多都淹没在历史的风烟之中了。

北京著名景观除了颐和园、圆明园遗址外，还有八达岭长城、明皇十三陵、周口店遗址、什刹海等。这些景观，无疑是古都北京人文

宁静的什刹海

历史的象征。

八达岭长城的关城建于1505年，位于北京市延庆县，史称天下九塞之一，是万里长城的精华，在明长城中独具代表性。八达岭长城在明朝嘉靖、万历年间曾有修葺，楼台段长城地势险峻，是明朝重要的军事关隘和北京的重要屏障。

明十三陵是我国明朝皇帝的墓葬群，坐落在北京西北郊昌平区境内的天寿山，总面积1200多平方千米，距离北京约50千米。陵区地处东西北三面环山的小盆地之中，陵区的周围有群山环抱，山明水秀，景色宜人，是难得的风水宝地。

十三陵自1408年5月开始修建长陵，到明朝最后一位皇帝崇祯葬入思陵为止，是我国历代帝王陵寝建筑中保存得比较好的一处。

什刹海也写作十刹海，据史料记载，它四周原

十三陵 我国明代皇帝的墓葬群，坐落在北京西北郊昌平区境内的燕山山麓的天寿山。这里自1409年开始做长陵，到明朝最后一帝崇祯葬入思陵止，先后修建了13座皇帝陵墓、7座妃子墓、1座太监墓。共埋葬了13位皇帝、23位皇后、2位太子、30余名妃嫔和1位太监。

十三陵中的献陵

有10座佛寺，因此有这个称呼。什刹海在元朝称作海子，是处一宽而长的水面，明朝初年，水面缩小，后逐渐形成西海、后海、前海，三海水道相通。这里自清朝起，就成为京城人游乐消夏的地方。

什刹海景区是老北京风貌保存最完好的地方。历史上这里曾建有王府、寺观、庵庙等达30多处，现存十几处。周边还有大量典型的胡同和四合院。

恭王府是北京规模最大，保存最完整的清代王府，位于什刹海西北角，始建于18世纪末。早期是乾隆年间大学士和珅宅第，1799年和珅获罪，宅第被没收赐给庆郡王，1851年改赐给恭亲王爱新觉罗·奕䜣，成为恭王府。

恭王府是北京现存最完整、布置最精的一座清代王府。著名学者侯仁之称之为“一座恭王府，半部清代史”。恭王府分为平行的东中西三路，是世界最大的四合院。

北京恭王府正门

和珅（1750年～1799年），原名善保，字致斋，钮祜禄氏，满洲正红旗二甲喇人。曾兼任多职，封一等忠襄公，任首席大学士、领班军机大臣，兼管吏部、户部、刑部、理藩院、户部三库，还兼任翰林院掌院学士、《四库全书》总裁官、领侍卫内大臣、步军统领等等要职，权势之大，清朝罕有。

乾隆（1711年～1799年），清高宗爱新觉罗·弘历，清朝第六位皇帝的年号，寓意“天道昌隆”。25岁登基，在位60年，退位后当了三年太上皇，是我国历史上执政时间最长、年寿最高的皇帝。乾隆帝在位期间平定叛乱、巩固发展，文武兼修，为一代有为明君。

景山地处北京城的中轴线上，原是元、明、清三代的皇家御苑。是北京城内登高远眺，观览全城景致的最佳地点。

在600多年前的元代，这里还是个小山丘，名叫青山。明朝兴建紫禁城时，曾在此堆放煤炭，故有煤山俗称。

明朝永乐年间，将开挖护城河的泥土堆积于此，砌成一座高大的土山，叫“万岁山”，又称大内的镇山。景山一名是清初改称的。

山上的五座亭子，为乾隆年间兴建。当时山上丛林蔽日，生机盎然，山下遍植花草果木，有后果园之称。景山是一座优美的皇家花园。

景山公园亭榭

香山又叫静宜园，位于北京西郊，距市区约25千

潭柘寺的正门

米，最高峰海拔557米，是北京著名的森林公园。

1186年，金代皇帝在这里修建了大永安寺，又称甘露寺。寺旁建行宫，经历代扩建，到清1746年定名为静宜园。香山红叶最为著名。每年10月中旬到11月上旬是观赏红叶的最好季节，红叶延续时间通常为一个月左右。

古都北京不仅有丰富的民俗文化，而且还有浓厚的宗教文化。北京的宗教有佛教、道教、伊斯兰教、天主教和基督教。其中较为著名的有潭柘寺、礼拜寺、白云观、雍和宫等。

潭柘寺，位于北京西部门头沟区东南部的潭柘山麓。寺院坐北朝南，背倚宝珠峰，是北京郊区最大一处寺庙古建筑群。

潭柘寺始建于307年的西晋，距今已有1700年多的历史，因此素有“先有潭柘寺，后有北京城”的民

红叶 黄栌，是观赏树木，主要看叶，深受我国历代文人青睐，最早记载见于司马相如的《上林赋》。红叶在我国各地都有，尤其以千佛山的红叶最为著名。千佛山北瀛芳园处，红叶星罗棋布，浓郁诱人，颇为艳丽。

北京白云观内的三清四御殿

谚。寺院初名嘉福寺，清代康熙皇帝赐名为岫云寺，但因寺后有龙潭，山上有柘树，故民间一直称为潭柘寺。潭柘寺规模宏大，寺内占地2.5万平方米。

牛街礼拜寺建于1449年，是北京历史最为悠久，规模最为宏丽的清真古寺，也是世界上著名的清真寺之一。寺院始建于辽代，1475年奉敕赐名为礼拜寺。

牛街礼拜寺最初是由辽代入仕的阿拉伯学者纳苏鲁丁所创建，历经元、明清各代的扩建与重修，使其整体布局更为集中、严谨和对称。

牛街礼拜寺占地面积6000多平方米，是我国古典宫殿和阿拉伯式清真寺两种建筑风格相结合的一组独具特色的中国式伊斯兰古建筑群。

寺内两座筛海坟，是元朝初年从阿拉伯国家前来讲学的伊斯兰长老之墓。

白云观位于北京西便门外，是道教全真三大祖庭

清真寺 也称礼拜寺。是穆斯林举行礼拜、举行宗教功课、举办宗教教育和宣教等活动的中心场所。兴建清真寺被视为穆斯林神圣的宗教义务和信仰虔诚的体现，哪里有穆斯林，那里就建有清真寺。

之一，始建于唐代，最初称天长观。金世宗时，扩建后更名十方大天长观，是当时北方道教最大丛林。白云观于金代末年毁于火灾，后又重建为太极殿。

1227年5月，成吉思汗敕改太极宫为长春观。同年7月，邱处机仙逝于长春观。元代末年，连年争战，长春观原有殿宇日渐衰圮。明代初年，以处顺堂为中心重建宫观，并易名为白云观。清代初年，在王常月方丈主持下对白云观又进行了一次大规模的重修，基本奠定了今日白云观的规模。

道教 我国固有的一种宗教，创立于东汉时期，距今已有1800多年的历史。道教主要分为全真派和正一派两大教派。道教奉老子为祖师，尊为太上老君，以《老子》五千文为主要经典。

雍和宫位于北京市区东北角，是我国规格最高的一座藏传佛教寺院。1694年，康熙帝在此建造府邸，赐予四子雍亲王，称雍亲王府。1725年，改王府为行宫，称雍和宫。

1735年，雍正驾崩，曾在这里停放灵柩，因此，雍和宫主要殿堂原绿色琉璃瓦改为黄色琉璃瓦。又因

雍和宫的正殿

■ 雍和宫施粥用的铜锅

乾隆皇帝诞生于此，雍和宫出了两位皇帝，成了“龙潜福地”，所以殿宇为黄瓦红墙，与紫禁城皇宫一样规格。

雍和宫的整个建筑具有汉、满、蒙、藏这4个民族的特色。

雍和宫南院伫立着3座高大碑楼、一座巨大影壁和一对石狮。过牌楼，有辇道。往北便是雍和宫大门昭泰门，内两侧便是钟鼓楼。

鼓楼旁有一口重达8000千克的昔日熬腊八粥的大铜锅。往北的八角碑亭内有乾隆御制碑文，陈述雍和宫宫改庙的历史渊源。

作为昔日的古都，北京为世人留下了丰富的文化遗产和历史遗迹。这些宗教名胜古迹，无疑是古都北京宗教文化兼收并蓄、海纳百川，以及民族大融合的见证。

阅读链接

关于什刹海的来历还有一个关于沈万三的传说。据说，谁想跟沈万三要金银，就得狠狠打他。打得越厉害，挖出的金银就越多。虽然他穷，但人们都叫他“活财神”。

这年，皇上要修北京城需要银两，就命人把沈万三抓来。武士们按照他指的地方，挖出了10窖银子。据说，一窖48万两，共计480万两。银子挖出后，放银子的地方就成了大坑，后来大坑里有了水，人们就叫它“十窖海”。

什刹海的“刹”字，北京人讲话快的时候，发音和窖”字差不多，以后慢慢叫成“什刹海”了。

古都南京

南京，别称金陵，简称宁，有六朝古都之称，先后有东吴、东晋和南北朝的宋、齐、梁、陈6个政权在这里建都。南京历史悠久，有着超过2500余年的建城史和近500年的建都史，是我国四大古都之一，有“六朝古都”“十朝都会”之称。

南京位于长江下游，千百年来，奔腾不息的长江孕育了古都南京这座江南城市。南京襟江带河，山川秀美，古迹众多，是著名的旅游观光城市。南京是我国承东启西的枢纽城市、华东地区中心城市、重要产业城市、长江航运物流中心和滨江生态宜居之城，是联合国人居署特别荣誉奖获得城市。

荟萃山水人文的江南古都

历史上南京既受益又罹祸于其得天独厚的地理位置，过去曾多次遭受兵燹之灾，但也屡屡从瓦砾荒烟中重整繁华。

吴、东晋、宋、齐、梁、陈合称六朝，因此南京被称为六朝古

南京古代市井织布图

南京市的市标南朝石刻

都。六朝的建康城是当时世界上最大的城市，人口上百万。经济发达，文化繁盛，在江南地区集华夏文化之大成。

南京位于江苏省的西南部，地处长江下游的宁镇丘陵山区，是我国江苏省的省会。南京与我国的郑州、开封、西安、洛阳、北京、杭州、安阳等并称八大古都，在国内外享有盛名。

南京东邻江苏省镇江市，地跨长江两岸。南京城区起伏不平，群山起伏，有栖霞山、云台山、九华山等众多名山分布，形成了山多、水多、丘陵多的地貌特征。南京城内主要河流有长江和秦淮河。

南京属亚热带季风气候，雨量充沛，四季分明。古都南京的著名景观，不仅有莫愁烟雨、祈泽池深、天界招提等传统金陵四十八景，也有栖霞山景区、雨花台景区、秦淮风光带等新辟的自然人文景观。

秦淮河 南京古老文明的摇篮，素有“六朝烟月之区，金粉荟萃之所”，更兼十代繁华之地，被称为“中国第一历史文化名河”。秦淮河长约110千米，远在石器时代，其流域内就有人类活动。六朝以后，成为名门望族聚居之地，宋代开始成为江南文化的中心。

■云锦　南京云锦是我国优秀传统文化的杰出代表，因其绚丽多姿，美如天上云霞而得名，约有1600年的历史。在古代丝织物中“锦”是代表最高技术水平的织物。而南京云锦则集历代织锦工艺艺术之大成，公认为“东方瑰宝”“中华一绝”。云锦是中华民族和全世界最珍贵的历史文化遗产之一。

传统八景大多是南京文化的历史遗存，是南京历史人文的象征，而新辟的景观大多是南京周边奇异的自然风貌。总之，有山水有人文，是古都留给人的总体印象。南京大部分地区通行的南京话，属于江淮官话淮西片。据考证，南京官话曾经长期是我国的官方语言。

自从西晋末年，五胡乱华，晋室南渡以后，中原雅音南移，作为我国官方语言的官话逐渐分为南北两支。明朝推翻元朝以后，定都南京，规定以南京音为基础音系，南京官话成为国家标准语音。由于江南较少受少数民族迁入的影响，加之六朝以来南方文化上的优越意识，明代以及清代中叶之前，我国的官方标

五胡乱华　我国东晋时期，塞北多个胡人的游牧部落联盟趁中原的西晋王朝衰弱空虚之际，大规模南下，建立胡人国家而造成与中华正统政权对峙的时期。“五胡”指匈奴、鲜卑、羯、羌、氐五个少数民族的游牧部落联盟。百余年间，北方各族及汉人在华北地区建立数十个国家，开启了五胡十六国时期。

淮语以南京官话为主流。周边地区所传授、使用的语言也是如此。

南京地区共有50多个民族，其中汉族占总人口的80%以上。少数民族以白下区的止马营、朝天宫两街道的回族为最多。

自古“天下财富出于东南，而金陵为其会”。人物繁阜，造就了南京深厚的文化底蕴，而丰富的民俗文化就是其中的表现之一。

南京民俗文化代表有春节年俗、元宵灯会习俗、清明踏青习俗、端午游秦淮习俗、中秋月摸秋习俗、重阳登高会习俗、腊八节品粥习俗等。这些习俗既有南京古来的文化的印记，又有现代生活的演绎。古今交汇，构成了南京民俗文化的特征。

南京艺术三宝是指南京云锦、南京剪纸和南京白局。南京云锦是我国汉族优秀传统文化的杰出代表，

剪纸 又叫刻纸，是我国汉民族最古老的民间艺术之一，它的历史可追溯到6世纪。窗花和剪画的区别在于创作时，有的用剪子，有的用刻刀，虽然工具有别，但创作出来的艺术作品统称为剪纸。剪纸是一种镂空艺术，其载体可以是纸张、金银箔、树皮、树叶、布、皮、革等片状材料。

■ 南京三宝之一南京云锦

南京的夫子庙

因绚丽多姿，美如天上云霞而得名，至今有1580年历史。南京云锦与成都的蜀锦、苏州的宋锦、广西的壮锦并称我国四大名锦。

南京云锦集历代织绵工艺艺术之大成，位于我国古代三大名锦之首，元、明、清三朝均为皇家御用品贡品。因其丰富的文化和科技内涵，被专家称作是中国古代织锦工艺史上最后一座里程碑，公认为“东方瑰宝”“中华一绝”。亦是汉民族和全世界珍贵的历史文化遗产之一。

南京剪纸为“花中有花、题中有题、粗中有细、拙中见灵”，如喜花之类，大都在特定的花纹外廓内，围绕主题，根据内容需要，填满散花散叶，和谐地构成完整的图案，显得美满充实，喜气洋洋，含意丰富。据史书可考，明代已流传民间。旧时南京人婚

白局 是南京地区民间的方言说唱，南京唯一的古老曲种，至今已有600多年的历史。白局形同于相声，表演一般一至二人，多至三五人，说的全是南京方言，唱的是俚曲，通俗易懂，韵味淳朴，生动诙谐，是一种极具浓郁地方特色的说唱艺术。

嫁喜庆，多聘请艺人来家用大红纸剪各式喜花，缀于箱、柜、被、枕等嫁妆之上，其它如斗香花、鞋花、门笺等品种，都具有鲜明的地方特色。

南京白局是南京地区民间的方言说唱，是南京唯一的古老曲种。这些艺术品种，扎根在南京的人文泥土中，无疑是古都南京的文化气息象征。

南京作为六朝的古都，曾一度是全国的政治、文化中心。唯其如此，许多的历史名人与它结下了不解之缘。

享誉全国的南京菜称为京苏大菜，厨师则自称京苏帮。南京的饮食以京苏菜和清真菜著名。

南京小吃的品种也比较丰富，主要集中在夫子庙、湖南路狮子桥、甘家大院等。其中，夫子庙地区的奇芳阁、魁光阁、蒋有记、永和园、六凤居都是南京小吃的传统名店，制作的特色小吃称为秦淮八绝。

清真菜 既有伊斯兰教习俗，又兼具我国饮食风格的菜肴，又称为回族菜。在我国，回族、维吾尔族、哈萨克族、乌孜别克族等民族有着共同的饮食习俗和饮食方面的禁忌，但在风味上则存在一定差别，因而人们又把居住在新疆的几个少数民族的风味菜肴称为新疆菜，而特指回族菜肴为清真菜。

阅读链接

如意回卤干是南京的著名小吃，关于小吃的由来还有一个故事呢。

传说朱元璋在金陵登基后，一天微服出宫，看到一家小吃店正在炸油豆腐果，香味四溢。便取出一锭银子让店主加工一碗豆腐果。

店主见他如此大方，立刻将豆腐果放入鸡汤汤锅，配以少量黄豆芽与调料同煮，煮至豆腐果软绵入味送上，朱元璋吃后连连称赞。

从此以后，油豆腐风靡一时，流传至今。因南京人在烧制中时常加入豆芽，而豆芽的形状很像古代玉器中的玉如意，因此被称为如意回卤干。

朱元璋兴建世界第一城垣

1356年，朱元璋攻克集庆，改集庆路为应天府作为根据地，自称吴国公。1368年，朱元璋在应天称帝，国号明，改元洪武。明朝把应天府作为首都。

坚固的明代城垣

1378年，朱元璋改南京为京师，开始大规模的营建南京。1386年，京师城垣工程完工。

明朝的南京是在元朝集庆路旧城的基础上扩建而成的。城市由三大部分组成，分别为旧城区、皇宫区和驻军区。后两者分别是明初的扩展。

明朝环绕这三区修筑了长约34千米的砖石城墙，这就是世界第一大城垣，后来的南京明城墙。明代南京城墙沿线共辟13座城门，门上建有城楼。

明成祖（1360年～1424年），朱棣，明朝第三位皇帝。1402年夺位登基，改元永乐。他五次亲征蒙古，多次派郑和下西洋，编修《永乐大典》，实施疏浚大运河等一系列新政。1421年迁都北京。在位期间经济繁荣、国力强盛，史称“永乐盛世”。

南京城墙墙基用条石铺砌，中间用土夯实。所用的城砖，由沿长江各州府的125个县烧制后运抵南京使用，每块砖上都印有监制官员、窑匠和夫役的姓名，其质量责任制之严格可想而知了。

1403年，明成祖朱棣升北平为北京，作为留都。1420年底，明成祖迁都北京，把南京作为留都。对南京城发展做出杰出贡献的人物就是明朝开国皇帝朱元璋。

元朝末年，朱元璋参加郭子兴领导的农民起义军。1356年，朱元璋攻取南京，把南京改为应天府，为了平定天下，他注重选用才将，搜罗谋士，秦从龙、刘基、朱升、宋濂、章溢、叶琛等儒士和学者尽入他的帐下。

朱元璋接受朱升“高筑墙，广积粮，缓称王”的建议，以南京为根据地，为统一全国积蓄力量。

郭子兴 元末江淮地区的红巾军领袖。元代末年加入白莲教，散家财结豪杰，响应刘福通起事，攻据濠州，自称元帅。后将朱元璋收为部下成为九夫长，并将义女马氏嫁给他。郭子兴骁勇善战，后因与某些将帅不和，终日愤恨，死于和州。

鸡笼山 旧名亭山、历山。坐落在和县西北约20千米处。群山环拱，一峰独雄，形状很像一鸡笼，故名鸡笼山。道家《洞天福地记》称其为“第四十二福地”，素有“江北第一名山”之称。山中遍布参天古树，寺庙众多。后来历经兵乱，原有建筑多数被毁。

1367年，朱元璋派徐达、常遇春率兵北伐，攻克元大都，即北京。第二年，朱元璋在应天府称帝，国号明，建元洪武。1368年，朱元璋下诏设南北两京，以金陵为南京。

自1366年起，他下令建造皇宫和扩建应天府城作为都城，都城外又筑有外郭，长60千米。1386年，应天府完工，是当时世界的第一大城。

朱元璋重视兴修水利，开通胭脂河。为造就人才，1381年，在鸡笼山下建国子监。朱元璋又将元末建于鸡笼山上的观象台扩建成国家天文台钦天台。

1382年，明政府兴建了南京鼓楼。明朝钟楼在鼓楼西侧。后来，清朝康熙皇帝南巡时曾登临游玩。第二年，地方官在鼓楼的基座上树碑建楼，并更名为碑楼，因此有“明鼓清碑”之称。

南京皇宫遗址

明代最著名的寺院就是鸡鸣寺，又称古鸡鸣寺，位于鸡笼山东麓山阜上。鸡鸣寺是南京最古老的梵刹之一。

1387年，明太祖朱元璋命崇山侯李新督工，在同泰寺故址重新兴建寺院，把故宇旧屋全部拆除，加以拓展扩建，题额为“鸡鸣寺”。

后来，鸡鸣寺经宣德、成化年间的扩建和弘治年间为时6年的大修，寺院规模扩大到占地6.6万

南京鼓楼

多平方米。寺院依山而建，别具风格，共建有殿堂楼阁、亭台房宇达30多座。

古都南京在明代万历年间就有金陵四十八景的说法，据明代文人顾起元的《客座赘语》记载，先是榜眼余梦麟将所游览金陵名胜二十处，各作诗记之，并约朱之蕃、顾起元同唱和，诗作汇在一起，称作《雅游篇》，刊行于世，风行一时。

而朱兰隅兴犹未尽，更“搜讨记载，共得四十景”，最后编成《金陵四十景图考诗咏》。这四十景也就成了后世作金陵景物图咏的蓝本。

但陆生骑毛驴乘小船躬历寻访所绘的图，现已不知下落。后人还能见到的年代最早的金陵八景图卷，也产生于明朝万历年间，是1600年江宁画家郭仁所绘，珍藏于南京博物院。

蓝本 原是古籍版本的一种形式。明清时期，书籍在雕版初成以后，刊刻人一般先用红色或蓝色印刷若干部，以供校订改正之用，相当于“校样”，定稿本再用墨印。由于蓝印本是一部书雕版之后最早的印本，因此就有“初印蓝本”之称。后来的“蓝本”一词，就是从“初印蓝本”引申出来的。

南京明孝陵石像

南京著名的皇帝陵寝是明孝陵。明孝陵是明朝开国皇帝朱元璋与马皇后的陵墓，坐落在紫金山南麓独龙阜珠峰下。

明孝陵景区名胜众多，风光秀丽，位于其正南的赏梅胜地梅花山，东侧的紫霞湖、正气亭、定林山庄等美不胜收，令人流连忘返。

梅花山在明孝陵南，原来是东吴孙权墓地所在地，又称孙陵岗。梅花山是南京人踏青赏梅的胜地。山上有观梅轩、博爱阁等景点。

阅读链接

传说朱元璋登基后，在浙江微服察访。一天，他去多宝寺进香。多宝寺的名称引起他的兴味，不禁脱口吟道："寺名多宝，有许多多宝如来。"

这时，一个满身油污、衣着破旧的老秀才接着吟道："国号大明，更无大大明皇帝！"

朱元璋逛罢多宝寺后，便路过一家小酒店，他觉得小酒店实在没有什么可吃的东西，不禁摇头吟道："小酒店三杯五盏没有东西。"

谁知老秀才随即吟出下联："大明君一统万方不分南北。"朱元璋彻底被老秀才的才思打动了，后来，老秀才当了太子的老师。

清朝时古都的杰出名人

清军入关后，明朝福王朱由崧在南京即位。1645年，清军又攻克南京，改南京直隶为江南省，应天府为江宁府。1649年，清政府在江宁设两江总督。古都南京再次经历了历史的洗礼。

清代南京两江总督府

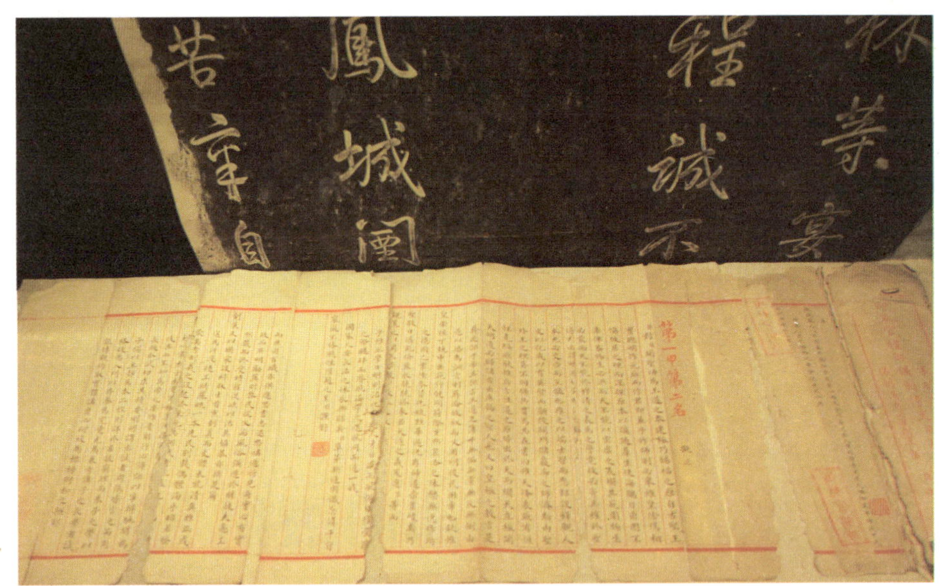

藏于故宫博物院的科举试卷

经过朝代的动荡和各代的重建、扩建，南京又一次焕发出古都的厚重气息。这一时期也涌现出许多历史名人，如隐居学者顾起元、晚清作家吴敬梓、晚清名臣邓廷桢等。

顾起元，原名张始。1592年与何栋如、俞彦等人在乡里共结文社。1597年，他高中举人，第二年，又在由礼部主持的三场全国会试中一路过关斩将，脱颖而出，高中第一名。

不久，在皇帝亲自策问的殿试中，顾起元中一甲第三名，进士及第，成为天子门生，时年34岁。

此后，顾起元授翰林院编修，历任左谕德、右庶子、任南京国子监司业、国子监祭酒、詹事府詹事，官至吏部左侍郎，兼翰林院侍读学士。精通金石之学，擅长书法。他曾经三次上疏辞官，获准后告老还乡，在朝为官仅有五年，大部时间是以隐居为生。

顾起元晚年就从牛市迁到了杏花村隐居，潜心著

书法 世界上少数几种文字所有的艺术形式，包括汉字书法、蒙古文书法、阿拉伯文书法等。其中“中国书法”，是我国汉字特有的一种传统艺术，被誉为无言的诗，无行的舞，无图的画，无声的乐。我国浙江绍兴是书法的圣地，兰亭奖为我国书法艺术最高奖。

■吴敬梓（1701年～1754年），字敏轩，一字文木，汉族人。清代伟大的小说家之一。因家有“文木山房”，所以晚年自称“文木老人”，又因自家乡安徽全椒移至江苏南京秦淮河畔，故又称“秦淮寓客”。

述，轻易不去公庭。在他解职归乡以后，当时的朝廷曾七次下诏书让他重新回京并命他为相，他都一一推拒了。

顾起元一生著述较多，但以散文见长。他的散文注意辞采，注意汲取骈体四六的创作经验。他的诗歌多能感叹时事，抒发感慨与情怀，有些富有现实内容，可以作批判时事之用。

顾起元主要著述有《中庸外传》《顾氏小史》《金陵古金石考说略》《蛰庵目录》《说略》《雪堂随笔》等30多种。

另一位晚清作家是吴敬梓，他出身名门贵族，父亲去世后家道衰落。晚年生活贫困，仅靠卖文和友人救济为生。

吴敬梓性情豪爽，能文善诗，尤其以小说著称。传世之作为长篇小说《儒林外史》。小说以揭露科举制度的腐朽黑暗为中心，展开社会批判，以讽刺的笔法刻画了上至进士、翰林，下至市井无赖的生动

■林则徐（1785年～1850年），字元抚，又字少穆、石麟，福建侯官人。清朝后期政治家、思想家和诗人，是中华民族抵御外辱过程中伟大的民族英雄，主要功绩是虎门销烟。因其主张严禁鸦片、抵抗西方的侵略、坚持维护我国主权和民族利益深受全世界中国人的敬仰。

形象。

鲁迅说它“虽云长篇，颇同短制”。后世称这部作品为我国古典讽刺小说奠基之作。吴敬梓诗文有《文木山房集》。

晚清名臣邓廷桢，是嘉庆进士，先后任延安知府、湖北按察使、江西布政使、安徽巡抚。邓廷桢在任官期间，颇有政名，尤其善于断冤狱，常为世人称道。1835年，他升任两广总督，主张严禁鸦片。

1839年春天，林则徐奉旨抵广州禁烟，他通力予以协作，取得虎门销烟的胜利。随后，他加紧海防，多次击退英军舰船挑衅。

1840年1月，邓廷桢调任闽浙总督，继续加强缉私与海防，同年10月，遭诬陷而与林则徐同被革职，充军伊犁。1843年释罪，旋即授甘肃布政使。

这期间，邓廷桢勘察荒地招民开垦，成效显著。1845年升任陕西巡抚，1846年卒于任上，归葬南京。其诗文颇有成就，尤精音韵，著有《双砚斋诗抄》。

另一位著名的人物是高岑。高岑是著名画家，他根据南京胜景，绘成《金陵四十景图》，文学家周亮工为这部图册写了题跋。高岑这一组金陵景物图后来刊入《江宁府志》。

在乾隆年间，《金陵四十景》发展成为洋洋大观的《金陵四十八景》。这时曾对南京古刹鸡鸣寺进行过两次大修，并改建了山门。康熙皇帝南巡时，登临寺院，并为这座古刹题书了“古鸡鸣寺”大字匾额。

1750年，地方官为了迎接皇帝和太后南巡，又重建了凭虚阁，作为驻跸行宫，乾隆也为这座古寺题写了匾额和楹联。

清咸丰年间，鸡鸣寺毁于兵火。同年开始重修，仅有房屋10多间，中间是小院，前面是正殿。

1867年，寺僧西池等募资修建了观音楼，楼内供着普度众生、大慈大悲的观音菩萨。

有趣的是，鸡鸣寺的观音与众不同，是一尊倒坐观音菩萨像，即面朝北而望像，佛龛上的楹联道明原因：

天王府的天王殿

鸡鸣寺全景

问菩萨为何倒坐；
叹众生不肯回头。

鸡鸣寺从此又称为观音阁、观音楼。1894年，两江总督张之洞又将殿后经堂改建为豁蒙楼，并手书匾额。

清朝末年，太平天国起义军攻克江宁，改江宁为天京，作为都城。在南京总统府一带修太平天国天王府。1864年，清兵克天京，太平天国败亡，天王府因此被毁。

阅读链接

古都南京的美景不愧是洋洋大观。传说在嘉庆年间，有一个钱塘人叫陈文述。他对南京的美景流连忘返，在他居留南京短短的一个月里，竟作诗300多首，涉及金陵旧迹近300处。

1875年，诗人易顺鼎中举，北上应试途经南京。他冒雪骑驴于城中，遍访六朝及南明遗迹，一日之间竟写成《金陵杂感》七律20首。

《儒林外史》的作者吴敬梓，在1753年，也就是他去世前一年，曾写过23首《金陵景物图诗》，包括冶城、杏花村、燕子矶、谢公墩等。

古都著名寺庙的历史沿革

古都南京不仅有丰富的人文景观，还有深厚的宗教文化。在南北朝时期，南京佛教寺庙达500多所，僧尼达10多万人。

■ 杜牧（803年～约852年），字牧之，号樊川居士，号称杜紫薇，唐代诗人。著有《樊川文集》。杜甫与李白合称“李杜”，为了跟诗人李商隐与杜牧即“小李杜”区别开来，杜甫与李白又合称“大李杜”。

李璟（916年~961年），五代十国时期南唐第二位皇帝，后因受到后周威胁，削去帝号，改称国主，史称南唐中主。李璟好读书，多才艺。常与宠臣韩熙载、冯延巳等饮宴赋诗。他的词，感情真挚，风格清新，语言不事雕琢，“小楼吹彻玉笙寒”是流芳千古的名句。他的诗词被录入《南唐二主词》中。

唐代诗人杜牧《江南春》中的“南朝四百八十寺，多少楼台烟雨中”的诗句，就是对当时建康佛寺盛况的真实写照。

南京众多的佛教寺庙大多毁于兵灾或战火，后来保存相对完好的只有极少数。除鸡鸣寺外，清凉寺、鹫峰禅寺、栖霞寺最为著名。

清凉寺位于南京城区西部的清凉山南麓，是南京最悠久的梵刹之一，素有六朝胜迹之称。清凉寺的前身是兴教寺，由五代十国时期的权臣徐温始建。

1400年，唐烈祖在这里避暑纳凉，改寺名为石头清凉大道场，石头山从此时起称为清凉山。此后，这里成为南唐宫廷的避暑之处。寺内避暑宫的匾额德庆堂是后主李煜所题。

清凉寺内原藏有中主李璟的八分书、画龙名家董

■南京清凉寺大殿

南京鹫峰禅寺

羽的龙，以及书法家李宵远的草书等3件艺术珍品，被称为寺中三绝。

清凉寺是南唐重要的宗教活动场所，著名僧人文益长期居住在寺内，被中主李璟封为法眼禅师。

他创建的佛教宗派，即为法眼宗，是禅宗南唐的五支派之一。其禅学思想及理论在我国佛教史上具有崇高的地位和价值，历史意义十分深远。

980年，幕府山清凉广惠禅寺迁到清凉寺。1402年明成祖朱棣重建寺院，改额为清凉陟寺。当时清凉陟寺规模很大，占地约1.3万平方米。太平天国时期，清凉寺建筑多毁于战火，直到清朝末年才稍有恢复。

鹫峰禅寺坐落于南京白鹭洲公园东北角，建于1461年，是为纪念唐代名僧鹫峰而得名。

清凉寺 位于南京西部的清凉谷，距台怀镇约15千米，寺内因有著名的文殊圣迹“清凉石”而得名。此寺建于北魏孝文帝时期。唐代时期是替国行道的镇国道场。766年，不空三藏密宗道场。清代乾隆年间，寺宇建筑整齐一新，规模宏大。

■栖霞寺

明清以来，鹫峰寺屡经兴衰。清朝嘉靖年间，性海禅师来此驻锡，律行精严，持银钱戒，寺内香火又趋鼎盛，常主讲华严经，后来他离寺云游。

道光年间，寺宇改为老民堂，当时正殿已年久失修行将毁坏。1835年，南京乡人于静斋、冯君耀率先捐资重建，并在殿前台基上围以石栏，极为坚固。工程竣工以后，太仆蔡友石撰记，学使祁春浦书碑，记载了鹫峰寺中兴的盛况。

栖霞寺始建于489年，由居士明僧绍捐宅为寺，名栖霞精舍。唐代扩建，改名功德寺，增建大小殿宇49座，规模宏伟，与山东临清灵岩寺、湖北江陵玉泉寺、浙江天台国清寺并称为我国佛教四大丛林。

所存寺院建筑为1908年由寺僧宗仰重建。寺院倚山势而缓上，背倚千佛岩，雄奇肃穆，气象万千。

进山门拾级而上，最高处就是藏经楼。在藏经

《大藏经》 佛教经典汇编全集，浩如烟海，囊括几千部经，包括经藏、律藏、论藏等三部分内容。经藏收录佛陀在世时所宣说的一切教法。律藏收录佛陀为信众制定的一系列日常行为准则。论藏则是佛弟子对经藏、律藏所进行的研究和解释。

楼佛龛中供奉有一尊用整块汉白玉雕成的玉佛，据传来自缅甸，极为珍贵。藏经楼中今尚存72函匣，内藏《大藏经》。

栖霞寺舍利塔为南唐遗物，是长江以南古老的石塔之一。石塔建于隋代，603年，隋文帝建仁寿舍利塔，栖霞寺石塔就是其中之一，是栖霞寺内最有价值的古建筑。石塔八角五级，高约15米。现仅残存一部分。塔身下须弥座各面浮雕释迦八相。

第一层塔身特别高，正面及背面均雕刻版门，东北及西南为文殊及普贤像，其余四面为天王像。宝塔图像严谨自然，形象生动，构图颇富有中国画的风格，是我国五代时期佛教艺术杰作。

舍利塔东有大佛阁，又称三圣殿，供无量寿佛。佛像的衣褶风格，形似山西省大同云冈石佛。现在大

舍利 原指佛教祖师释迦牟尼佛，圆寂火化后留下的遗骨和珠状宝石样生成物。舍利子译成中文叫灵骨、身骨、遗身。它的形状千变万化，有圆形、椭圆形，有成莲花形，有的成佛或菩萨状；它的颜色有白、黑、绿、红的，也有其他各种颜色；有的像珍珠、有的像玛瑙、水晶；有的像钻石一般。

永宁寺大殿

佛阁前立的两尊石佛，是我国佛教艺术黄金时代的绝世珍品。

大佛阁后，是千佛岩。千佛岩南朝共造294座佛龛，515尊佛像。以后唐、宋、元、明各代都有开凿，共计700尊佛像。千佛岩位于南方，与云冈石窟南北遥遥相对，是我国古代雕刻艺术的杰作。

无量殿为千佛岩最早最大的佛龛。无量寿佛居中，两侧分侍观音菩萨和势至菩萨。开凿年代比云冈石窟早17年。其价值在于保存了南朝佛像的原韵。

栖霞寺不仅规模宏大，殿宇气派非凡，是南京风景最佳处，是中国佛教三论宗的祖庭之一。

南京作为昔日的六朝古都，为世人留下了丰富的文化遗产和历史遗迹。这些文化遗产和历史遗迹为研究历史、军事和建筑等提供了不可多得的实物资料。

阅读链接

在千佛岩有一尊佛像，除此之外，世上绝无仅有，这就是三圣殿左侧的石公佛。

相传，在石匠王寿雕琢最后一尊佛像时，十分困难。锤子抡轻了，石头纹丝不动。锤子抡重了，石块就立刻崩裂。而如果锤子抡得不轻不重，石头仅仅冒点火星，总是凿不成。

眼看期限已到，石匠为了避免众人杀身之祸，便纵身跳进龛内，成了一尊一手举锤、一手拿錾的石公佛。这个传说体现了后人对明代著名工匠王寿的尊敬和怀念之情。

十三朝都城

古都西安

西安，古称长安、京兆，582年，隋文帝在此建都。西安是举世闻名的世界四大文明古都之一，居我国四大古都之首，是我国历史上建都朝代最多，影响力最大的都城。

西安是中华文明的发祥地、中华民族的摇篮、中华文化的杰出代表。是联合国教科文组织最早确定的“世界历史名城”和国务院最早公布的国家历史文化名城，世界著名旅游胜地。

中华民族的文化摇篮

西安，古称“长安”，是举世闻名的世界四大文明古都之一，居我国古都之首，是我国历史上建都时间最长、建都朝代最多、影响力最大的都城。

西安是中华民族的摇篮、中华文明的发祥地、中华文化的代表。

兵马俑　我国古代墓葬雕塑的一个类别。古代实行人殉，奴隶是奴隶主生前的附属品，奴隶主死后奴隶要为奴隶主陪葬，是殉葬品。兵马俑就是制成战车、战马、士兵形状的殉葬品。秦始皇陵兵马俑坑是秦始皇陵的陪葬坑，位于陵园东侧1500米处。秦始皇兵马俑陪葬坑坐西向东，三坑呈品字形排列。秦始皇兵马俑陪葬坑，是世界最大的地下军事博物馆。

西安古城主城门

西安文物甲天下，享有“天然历史博物馆”的美称。

秦始皇兵马俑坑被誉为“世界第八大奇迹”，秦始皇陵是最早列入世界遗产名录的中国遗迹，西安古城墙是至今世界上保存最完整、规模最宏大的古城墙遗址。

西安位于黄河流域中部的关中平原偏南地区，西安的北部为冲积平原，南部则为剥蚀山地。大体地势是东南高，西北与西南低，呈一个簸箕形状。秦岭山脉横亘于西安以南，是我国地理上北方与南方的重要分界。

西安属于暖温带半湿润的季风气候区，雨量适中，四季分明。西安东有潼关之固，西有大散关之险。古代长安交通便利，水陆并用，地势险要，易守难攻，历来是兵家必争之地。

在北方，秦代所修的秦直道，宽达百米、绵延上千千米，直通蒙古草原，是当年抗击匈奴、输送

匈奴 是个历史悠久，祖居在欧亚大陆的北方游牧民族。他们由古北亚人种和原始印欧人种的混合。古籍中讲述的匈奴是在汉朝时称雄中原以北的一个强大的游牧民族，公元前215年被逐出黄河河套地区，历经东汉时分裂，南匈奴进入中原内附，北匈奴从漠北西迁，中间经历了约300年。

给养的主动脉。在南方，有子午道、谠骆道、褒斜道、陈仓道，可越过汉中而抵巴蜀；东南方向商洛山中的武关道，则是通往楚地的咽喉。

西安的自然景观峭拔险峻，独具特色，境内及附近有西岳华山、终南山、太白山、王顺山、骊山、楼观台、辋川溶洞风景名胜区等。

西汉文学家司马相如在著名的辞赋《上林赋》中写道，“荡荡乎八川分流，相背而异态”。描写了汉代上林苑的奢华之美，以后就有了“八水绕长安”的描述。

八水是指渭河、泾河、沣河、涝河、潏河、滈河、浐河、灞河八条河流，它们在西安城四周穿流，都属于黄河水系。

西安收藏的汉赋

司马相如 字长卿，西汉大辞赋家，是我国文化史文学史上杰出的代表，是西汉盛世汉武帝时期伟大的文学家、杰出的政治家。代表作品为《子虚赋》。

八水之中渭河汇入黄河，而其他七水原本各自直接汇入渭河。由于时代变迁，浐河成为灞河的支流；滈河成为潏河的支流，潏河与沣河交汇。

西安作为十三朝古都，有着深厚的文化底蕴。西安的著名景观，不仅有传统关中八景，也有明代城墙、西安碑林、大雁塔、小雁塔等标志性人文遗迹。

还有秦皇陵兵马俑遗址、大明宫遗址等举世著名的历史遗迹。

著名的陵寝主要有华夏始祖的黄帝陵、汉武帝刘彻之墓汉茂陵、唐女皇武则天与唐高宗李治的合葬墓唐乾陵。

此外，关中秦腔、长安画风、西安景泰蓝、唐三彩、蓝田玉雕等都是西安传统文化的代表。

古都西安不仅有丰富的自然景观和历史遗迹，也有为数众多的宗教名胜。西安的宗教名胜包括佛教寺院、道院、伊斯兰斋堂。

西安著名的寺院有西安大慈恩寺、西安青龙寺、周至仙游寺、法门寺等。道院有西安八仙庵等，伊斯兰斋堂西安清真大寺等。这些宗教名胜，无疑是古都西安兼收并蓄、海纳百川，以及民族大融合的见证。

秦腔是最能够代表古都西安气质的一种传统文化。这些传统文化中，既有关中古都火爆、豪放的一面，又有它朴素、柔和的一面。

古都西安历史悠久，人文荟萃，英才辈出，仅名列《二十五史》和其他史书中的人物，就有1000多人。他们或出生在西安，或者长期

秦腔 我国汉族古老的戏剧之一，起于西周，源于西府。秦腔又称乱弹，流行于我国西北的陕西、甘肃、青海、宁夏、新疆等地。又因其以枣木梆子为击节乐器，所以又叫“梆子腔”，俗称“桄桄子”。

西安出土的唐三彩马

《二十五史》记载我国历代的二十五部纪传体史书的总称。它上起传说中的黄帝，止于1911年，用本纪、列传、表、志等统一的体裁编写。二十五史之中，除第一部《史记》是通史之外，其余都是断代史。

在西安生活、任职，为西安的政治、经济、文化，都作出了重要贡献。

西安的历史名人中，政治家有轩辕黄帝、神农炎帝、大禹、周文王、周武王、秦穆公、秦孝公、秦始皇、汉高祖、汉武帝、隋文帝、唐太宗、武则天、唐玄宗。

军事家有姜太公、王翦、白起、卫青、霍去病、李广、马援、李靖、郭子仪、韩世忠等。

思想家有周文王、周公、董仲舒、王徵、范仲淹、张载、李颙等。

外交家有张骞、苏武、班超、张仪等。文学家有李白、杜甫、白居易、王维、杜牧、王昌龄、柳宗

■演奏秦腔的陶俑

仓颉　史皇氏，陕西省渭南市白水县人。《说文解字》记载，仓颉是黄帝时期造字的史官，被尊为“造字圣人。”享年110岁，是轩辕黄帝左史官。我国原始象形文字的创造者，我国官吏制度及姓氏的草创人之一。

元、韦应物等。历史学家有司马迁、班固、班彪、班昭等。

画家、书法家有阎立本、吴道子、颜真卿、柳公权、周昉等。佛学家、翻译学家有玄奘、鉴真、悟空僧人等。此外，还有钟馗、仓颉、后稷、杜康、孙思邈、王重阳等。

悠久的历史，得天独厚的地理条件，孕育了古都西安灿烂的文化和成百上千的历史名人。这一切，使我们能够感受到古都厚重的历史感和浓厚的文化气息。

阅读链接

轩辕黄帝的诞辰日是农历三月初三，即上巳节，是上古时期我们祖先在水边饮宴、郊外游春的节日。我国自古有“三月三，生黄帝”的说法。

轩辕黄帝是我国古史传说时期最早的宗祖神，华夏族形成后被公认为全族的始祖。上古时期约在今陕西武功县一带形成的黄帝族，就是因为这位杰出的始祖而得名。

黄帝族和住在今陕西岐山一带的姜姓炎帝族世代通婚。后来，黄帝族后裔中的一支创造了夏文化，遂称夏族。夏族又建立了我国第一个王朝夏朝。

从半坡遗址到天府之国

高陵杨官寨遗址 位于高陵县姬家乡杨官寨村，面积约80多万平方米。各类房址49座，出土各类可复原的器物7000多件。在南发掘区发现了半坡四期文化的14座房址和陶窑。房址基本是平面呈“吕”字形的前后室结构，是目前所知关中地区最早的窑洞式建筑群。

据考古证实，早在旧石器时代，西安就是蓝田猿人的聚居区，新石器时代早期，这里就已经形成了原始聚落“华胥古国”“半坡”“姜寨”“灰堆坡”等。而西安高陵杨官寨遗址发现，将我国城市历史推进到了6000年前的新石器时代晚期，同时确定了西安是世界历史上第一座城市。

闻名世界的半坡遗址位于西安市以东，是一个典型的母系氏族公社的村落遗址，

半坡遗址 位于陕西省西安市东郊，是黄河流域一处典型的原始社会母系氏族公社村落遗址，属新石器时代仰韶文化，距今6000年左右。面积约5万平方米，是我国首次大规模揭露的一处新石器时代村落遗址。

半坡遗址出土的人面鱼纹盘

属于仰韶文化。这类遗存仅在黄河流域的关中地区就发现了400多处，因此，黄河流域素有华夏古代文化发源地的美称。

遗址现存面积约5万平方米，分为居住区、制陶区和墓葬区3个部分。发掘面积为1万平方米，房屋遗址共46座，圈栏两座，储藏物品的地窖200多个，成人墓葬174座，小孩瓮棺葬73座，烧陶窑址多座，以及大量生产工具和生活用品。

这一切，向我们生动地展现了6000多年前，处于母系氏族社会繁荣时期的半坡先民们生产与生活的情景。

人面鱼纹是半坡彩陶画的典型作品，这一生动的形象反映了半坡人丰富的艺术想象力。人面鱼纹线条明快，人头像的头顶有三角形的发髻，两嘴角边各衔一条小鱼。这一图景反映了半坡人和鱼之间的密切关系和特殊的感情，鱼也有可能是半坡氏族崇奉的图腾。

尖底瓶是半坡出土的最具特点的陶器之一。它是巧妙运用重心原理的一种汲水器。具体方法是在双耳上系上绳子，由于水的浮力，瓶子一接触水面就自动倾斜，灌满水后又因为重心移动而自然竖起。

用它盛水还有两大特点，一是便于手提与肩背，二是口小，灌满水后从河边到居住区的路上，水不容易漫出。

我国先民们通过长期的实践发现水蒸气可以熟食，于是制作了陶甑，这是人类历史上最早利用蒸汽的范例。

据考古发现，由于当时自然条件很差，半坡先民们的生活十分艰苦，加之疾病流行，小孩的死亡率很高。于是，夭亡的小孩便实行瓮棺葬。半坡出土的小孩瓮棺共有73个。

■半坡遗址出土的尖底瓶

从半坡遗址可以看到6000多年前，我们的先民生产和生活的生动画面。而西安作为一座城池，最早建城是在公元前12世纪，周文王在这里建立丰京、镐京两京，从此揭开了西安千年帝都的辉煌史。

■半坡人狩猎捕鱼

瓮棺葬 古代墓葬形式之一，以瓮、盆为葬具，大多将小孩的尸体殓入其中，也有用来埋葬成人的。这种葬俗流行于新石器时代至汉代。多见于史前时期，大多数埋在居住区内房屋附近或室内居住面下，也有专门的儿童瓮棺葬墓地。

唐三彩外国使者俑

从此，西安作为我国的政治、经济、文化中心长达1200多年。西安在我国古代著作纪传体通史《史记》中被誉为“金城千里，天府之国”。

汉唐时期，西安是我国对外交流的中心，是当时最早超过百万人口的国际大都市。

西安从古到今曾用名有酆京、镐京、酆镐、长安、常安、京兆、大兴、永兴、奉元，西京，其中，以长安最为常见和著名。长安，意思就是长治久安。

在长安发展的极盛阶段，它一直充当着世界中心的地位，吸引了大批的外国使节与朝拜者。“西方罗马，东方长安”是长安在世界历史地位中的写照。

自公元前11世纪至9世纪末，西安曾长期是我国古代的政治、经济与文化中心，并历来为地方行政机关，如州、郡、府、路、省和长安、咸宁两县治所。

《史记》是由司马迁撰写的我国第一部纪传体通史，是二十五史的第一部。记载了上自上古传说中的黄帝时代，下至汉武帝太史元年间共3000多年的历史。《史记》最初没有书名，从三国时期开始，“史记”由史书的通称逐渐演变成“太史公书”的专称。

西安寺院中的古碑

在多数朝代，西安属于郡、府级建制即京兆府、郡辖区。在我国历史上，曾经有21个政权先后在西安建都。

由于有的政权只是昙花一现，有的政权是中途迁入或迁出西安，有的政权不为多数史学家认可，因此，较为公认的说法是，西安是十三朝古都，西周、秦、西汉、新、东汉献帝、西晋愍帝、前赵、前秦 、后秦、西魏、北周、隋、唐十三个王朝。

此外，还有十朝、十一朝、十二朝、十四朝、十六朝和十七朝等多种说法。

其中十朝古都的说法，依照时间次序分别是西周、秦朝、西汉、前赵、前秦、后秦、西魏、北周、隋朝、唐朝。

阅读链接

西安著名的寺院仙游寺位于西安周至县城南17千米的黑水峪口。这里四山环抱，一水中流，峰峦奇绝，甘泉飞瀑，是西安西南线西端融自然与人文景观于一体的著名景点。

相传，春秋时期秦穆公的女儿弄玉与萧史的爱情故事就发生在这里。弄玉自幼擅长吹箫，通晓音律。她与风流俊逸、才华出众的萧史志趣相投，结为夫妻。

当年，他们就住在寺边的玉女洞。悠扬动听、超凡脱俗的箫声引来祥龙瑞凤，他们双双结伴成仙而去，这就是乘龙快婿典故的由来。

汉朝在咸阳遗址建立都城

在我国历史上，西安和咸阳如同一座城市。这从古时长安与咸阳的关系可见一斑。西安和咸阳是我国地理距离上最近的两个城市，两市相距约25千米。

秦始皇当年定都在咸阳，阿房宫大部分面积在今天西安市境内，秦皇陵和兵马俑位于西安临潼区。秦朝的宗庙在渭河南岸，秦朝的宫殿布局还没有形成宫城、皇城和三大殿的这一布局。

汉朝都城长安，是在秦朝咸阳遗

刘邦（前256年～前195年），汉高祖，历任沛县泗水亭长、沛公、汉王，后成为汉代开国皇帝，是汉民族和汉文化伟大的开拓者。我国历史上杰出的政治家、战略家。

咸阳汉阳陵

址基础上建立起来的。秦朝的咸阳自从惠文王时期开始，就不断向南扩展，在渭河以南修建了章台、兴乐宫、甘泉宫、信宫、阿房宫及七庙等建筑。

刘邦夺得天下后，经大臣娄敬、张良等的劝说，才建都长安。他命人修缮秦朝的兴乐宫，并改名为长乐宫，在秦代章台的基础上建未央宫。

西安是我国古代丝绸之路的起点。西汉时期，汉武帝派遣张骞出使西域，正式开辟了以长安为起点，联结欧亚大陆的通道丝绸之路。

从那时起，我国的使臣、商贾和中亚、西亚、南亚各国的使节客商就开始频繁往来，络绎不绝。中外商业贸易迅速发展，文化交流日趋活跃，友好往来不断加深。

到了东汉顺帝时期，诞生了我国土生土长的宗教道教，距今已有1800多年的历史。西安有道教宫观27所，道教职业人员约200人。

在这一时期，建有著名陵墓汉阳陵。汉阳陵位于

丝绸之路 起始于我国古代政治、经济、文化中心古都长安，连接亚洲、非洲和欧洲的古代商业贸易路线。它跨越陇山山脉，穿过河西走廊，通过玉门关和阳关等地，最终抵达非洲和欧洲，是一条东方与西方之间经济、政治、文化进行交流的主要道路。它的最初作用是运输我国古代出产的丝绸。

咸阳市渭城区正阳镇张家湾和后沟村以北的咸阳原上，是汉景帝刘启和皇后王氏同茔异穴的合葬陵园，地跨咸阳市渭城区、泾阳县、高陵县三县区。

古代西安和咸阳互为表里，因此汉阳陵可以说是西安的历史遗迹。汉阳陵出土的裸体彩俑，震惊世界，被誉为“东方维纳斯”。

汉阳陵平面呈不规则葫芦形，东西长近6千米，南北宽近3千米，面积约12平方千米。由帝陵、后陵，南区从葬坑、北区从葬坑，刑徒墓地、陵庙等礼制建筑、陪葬墓园及阳陵邑等部分组成。

整个陵园以帝陵为中心，四角拱卫，南北对称，东西相连，布局规整，结构严谨，显示了唯我独尊的皇家意识和我国古代帝王严格的等级观念。

阳陵帝和黄皇后陵都是“亚”字形，坐西面东。汉阳陵帝陵封土高约31米，陵底边长160米，顶部东西54米，南北55米，陵园为正方形，边长410米，四边中央各有一门，距离帝陵封土都是110米。

帝陵陵园南门阙是时代最早，等级最高，规模最大，保存最好的三出阙遗址，它的发掘对于门阙的起源、发展，门阙制度的形成、影响，以及我国古代建筑史的研究等有着重要作用。

汉阳陵出土的汉俑十分引人注意。它们只有真人的三分之一大小，约0.6米高，赤身裸体且没有双臂。

据研究，这些陶俑在刚刚完工时都身着各色美丽的服饰，胳膊为木制，插入陶俑胳膊上的圆孔，以便木胳膊可以灵活的转动，但是经过千年的风霜之后，衣服与木胳膊都已腐朽了，因此只剩下了裸露而残缺的身躯。

汉俑 汉代俑的质料以陶质为多，但江南仍多流行木俑，也有少数石质或金风俑。西汉时期，帝后陵墓附近的丛葬坑和陪葬墓，有数量较多的陶俑，均为模制，上施彩绘。汉代俑的形体比秦俑小，造型较为生动。西安任家坡汉陵丛葬坑中的陶俑，都是侍女形象，衣着艳丽，体态端庄。

兵马俑的队伍中还有一部分是女子俑。她们大多面目清秀，身材匀称。但也有一些颧骨突起，面貌奇异者，可能是当时的其他民族的兵员。总之，比起秦始皇兵马俑的肃穆与刚烈，汉阳陵汉俑显得平和而从容，正反映了“文景之治”时期的社会氛围。

汉代“文景之治”时期，社会经济发展，百姓安居乐业，文化生活也日益丰富起来。从汉代到魏晋时期，每年农历三月初三这一天固定为上巳节，节日习俗也逐渐成为一种水边交游宴饮的活动。渐渐地，参

西安出土的汉代舞蹈俑

与的百姓、显贵及宫廷人士越来越多，就演变出了著名的习俗曲水流觞，也称曲水流饮。

■ 出土的汉代酒器凤鸣双连杯

提起曲水，自然就要提到曲江池。曲江池位于西安市南郊，距城区约5千米。它是汉代一处极为富丽优美的园林。曲江池两岸楼台起伏、宫殿林立，绿树环绕，水色明媚。每当新科进士及第，皇帝总要在曲江赐宴。

新科进士在这里乘兴作乐，将杯子放在盘上，将盘子放在曲流中，盘随水转，轻漂漫泛，转至谁前，谁就执杯畅饮。这在当时堪称一件雅事，曲江流饮由此得名。

西安曲江流饮的风俗，可以追溯到西安传统的上巳节。上巳节的渊源又可追溯至周朝，周朝巫术流行，人们会在每年农历三月的上巳节这天泼水求吉，女巫还要在河边举行除灾祛病仪式，称为祓禊。从汉代开始，祓禊逐渐被春游活动所取代。

■ 西安出土的青铜祭祀雕像

到了晋代，在民间又逐渐形成另一种习俗游大蜡。大蜡是流传在长安神禾原畔鸡子殿及原下新街、关家村和彰仪村一带

西安寺院内的香烛

的民间工艺品。

相传鸡子山是东晋高僧道安法师讲经的地方，后来这里建造了鸡子殿。每天晚上，僧人们自带蜡烛到经堂诵经吟诗，许多蜡烛汇聚一堂，室内通明，因此称为“焰光会”。

由于僧人需要的蜡烛量非常大，后来，每年农历正月十五和十六，鸡子殿四周村子的村民便自愿向庙宇献大蜡。

大蜡的形状像磨盘一样，上大下小，直径和高各为1.2米，重180千克，四周插有12朵晶莹夺目的蜡制大花，象征着万物兴旺、年月瑞祥。蜡身上盘绕着八条金龙，昂首衔珠，堪称一绝。

阅读链接

在西安周至县豆村还有游大蜡的习俗。在当地，大蜡是供奉在关帝庙里燃用一年的祭品。

每年农历四月初八游大蜡，由匠人提前将精美的大蜡制作好，于四月初八早上由10多人抬上，由仪仗、锣鼓队、秧歌队做引导，在村里游行，村民把大蜡视为吉祥物。

游大蜡所到之处，人们都要放鞭炮迎接，并赠糕点、烟酒、红色等物品答谢，以祈求风调雨顺、五谷丰登、生意兴隆。周围十里八乡的村民和外地的游客都来参观，像过庙会一样，十分热闹。

天下闻名的关中胜景

古都西安的著名景观，不仅有明代城墙、西安碑林、大雁塔、小雁塔等标志性人文遗迹，还有华岳仙掌、骊山晚照、灞柳飞雪、草堂烟雾等传统关中八景。传统关中八景是对西安历史和人文的追忆，标

草堂寺内的弥勒佛像

华山 我国著名的五岳之一，海拔2100米，位于陕西省西安以东120千米的华阴市境内，北临渭河平原和黄河，南依秦岭，是秦岭支脉分水脊的北侧的一座花岗岩山。华山风景秀美，是神州九大观日处之一，素有奇险天下第一山之称。此外，还是我国著名的道教圣地。

志性人文遗迹则是西安的历史和人文延续。

在西安碑林，有一通清代碑石，记录了以西安为中心的关中八处著名的风景名胜，它们被称为关中八景，又称长安八景。这八景分别是华岳仙掌、骊山晚照、灞柳飞雪、曲江流饮、雁塔晨钟、咸阳古渡、草堂烟雾和太白积雪。

在华山苍龙岭仙掌崖，可以清晰地观赏到朝阳峰危崖上五道巨大的痕印，宛如一只巨人的左手掌迹。这便是关中八景之首华岳仙掌。

进潼关入陕西眺望秦岭，首先看到的就是华岳仙掌。每逢晴朗的早晨，掌印如镀赤金，巍然矗立，光彩壮丽，观赏者无不叹为观止。

骊山位于西安临潼县城南，是我国古今驰名的风景游览胜地，最为著名的就是骊山晚照景观。

华山苍龙岭仙掌崖的华岳仙掌

骊山属秦岭山脉的一个支脉，最高峰九龙顶海拔1300米，由东秀岭和西秀岭组成，山势逶迤，山上松柏常青，壮丽翠秀。周代、秦代、汉代、唐代以来，这里一直是皇家园林所在地，离宫别墅众多。

骊山西秀岭到第三峰即老君殿的断层北麓处为一个转折，由此向西南呈阶梯状延伸渐

■ 关中八景之一骊山晚照

成缓坡。每当夕阳西下，回光返照，复经折射，楼殿亭台，崖壁幽谷，苍松翠柏，仿佛金光笼罩，各呈异彩，景色格外绮丽，因此有骊山晚照的美誉。

清代诗人曾经赞美道：

丹枫掩映夕阳残，
千壑万崖画亦难。
此时骊山真面目，
人生能得几回看！

尤其到了深秋时节，满山红叶，更令人沉浸于“渭水秋天白，骊山晚照红”的诗情画意之中，骊山晚照因而名列关中八景之一。

灞河在西安市区的东面，发源于蓝田县灞源乡东家沟，原名滋水。春秋时期，秦穆公为显耀自己的武

潼关 设于东汉末年，当时关城建在黄土塬上，隋代南移数里，唐武则天时北迁塬下，形成今日潼关城旧址。唐置潼津县，明设潼关卫，清为潼关县，民国时袭之。潼关是关中的东大门，历来为兵家必争之地，素有“畿内首险”“四镇咽喉”“百二重关”之誉。

> **秦穆公** 一作秦缪公，春秋时代秦国国君。嬴姓，名任好。在位39年，谥号穆。在部分史料中被认定为春秋五霸之一。秦穆公非常重视人才，其任内获得贤臣的辅佐，曾协助晋文公夺取君位。周襄王任命他为为西方诸侯之伯，遂称霸西戎。

功，成就霸业，改名灞水。

灞桥是当年长安东西交通的必经之地，自古以来，灞水、灞桥、灞柳就闻名于世。灞河两岸从秦汉时期开始，广植河柳，每年春季柳絮随风飘扬，宛若雪花，灞柳风雪被誉为关中八景之一。

唐代又在灞桥设立了驿站，亲友出行大多在这里告别。因此有“杨柳含烟灞岸柳，年年攀折送行人”的诗句。“柳”和“留”同音，折柳赠行人，为留客之意。

唐朝以来，有关灞河柳的诗咏众多，如李白在《忆秦娥》诗中道：

> 箫声咽，秦娥梦断秦楼月。秦楼月，年年柳色，霸陵伤别。乐游原上清秋节，咸阳古道音尘绝。音尘绝，西风残照，汉家陵阙。

■草堂寺的烟雾井

李白（701~762），字太白，号青莲居士，唐代诗人，有“诗仙”之称，伟大的浪漫主义诗人。存世诗文千余篇，代表作有《蜀道难》《将进酒》等诗篇，有《李太白集》传世。762年，病逝于安徽当涂，享年61岁。其墓在安徽当涂。

曲江池位于西安市南郊、距城约5千米。它曾经是我国汉唐时期一处极为富丽优美的园林。

曲江池当年两岸楼台起伏、宫殿林立，绿树环绕，水色明媚。每当新科进士及第，总要在曲江赐宴。新科进士在这里乘兴作乐，放杯至盘上，放盘于曲流上，盘随水转，轻漂漫泛，转至谁前，谁就执杯畅饮，遂成一时盛事。“曲江流饮”也由此而得名。

草堂寺位于秦岭主峰山北麓的户县秦镇草堂营村，相传始建于晋代。当年，后秦王姚兴为安置西域高僧鸠摩罗什，专门在这里给鸠摩罗什和3000多弟子建造了草堂寺，让他和弟子一起翻译佛经。

寺内有建于唐代的姚秦三藏法师鸠摩罗什舍利塔一座，高2.44米多，全部使用西域玉石相拼而成。玉色灿烂莹润，这座塔又称八宝玉石塔。

塔前有两棵柏树一口水井，人称“两柏一眼井，爬柏龙雀树”。传说，当年井中央有一块石头，有一条蛇常常卧在石上，于是有白雾冲天而上，草堂烟雾

姚兴（366年~416年），后秦文桓帝，字子略，羌族，后秦武昭帝姚苌长子。393年姚苌死时正值苻登攻打后秦，姚兴密不发丧，待至次年击败苻登后才即位，改元皇初。姚兴在位时，勤于政事，治国安民。重视发展经济，兴修水利，关心农事；提倡佛教和儒学，广建寺院。

郦道元 字善长。北朝北魏地理学家、散文家。仕途坎坷，终未能尽其才。他博览奇书，游历名山秀水，撰《水经注》40卷，是我国游记文学的开创者。他的作品对我国后世游记散文的发展影响很大。另外著有13篇《本志》及《七聘》等文，年久失传。

与周围山冈水气及草堂寺上空缭绕的香烟混为一体，形成草堂烟雾的美景，为著名的草堂烟雾。

太白山是秦岭山脉的主峰，位于西安眉县、太白、周至三县交界处。主峰仙台海拔3.7千米。

早在北魏郦道元《水经注》里采录的古老传说中就有记载：

> 太白山南连武功山，于诸山最为秀杰，冬夏积雪，望之皑然。

这是太白积雪一词的最早出处。

清代文人朱集义在关中八景中对太白积雪曾这样描述：

西安楼观台建筑群

白玉山头玉屑寒，
松风飘拂上琅玕。
云深何处高僧卧，
五月披裘此地寒。

■ 西安楼观台上的炼丹炉

太白山崇高峻伟，草木繁盛。山巅有大爷海、二爷海、三爷海和玉皇池四个高山湖泊，池水清澈，深不可测。由于这里山高云淡、空气稀薄、气候寒冷，终年积雪不化，即使三伏盛暑，皑皑白雪，仍然在莽莽天际银光四射，其景致格外壮观美丽，太白积雪因此得名。

古都西安的著名人文历史景观，除了有传统八景和地标性建筑外，较为知名的还有楼观台景区。

楼观台位于西安市周至县东南15千米的终南山北麓。这里风景优美，依山带水，茂林修竹，绿荫蔽天，号称天下第一福地，是我国著名的道教圣地。古籍中赞美它“关中河山百二，以终南为最胜。终南千峰耸翠，以楼观为最名。”

楼观台古迹主要有老子说经台、尹喜观星楼、秦始皇清庙、汉武帝望仙宫、大秦寺塔以及炼丹炉、吕祖洞、上善池等60多处。

相传，早在西周时期，函谷关令楚康王的大夫尹喜在这里结草为庐，夜观天象。

尹喜 字文公，号文始先生，周朝楚康王的大夫。他自幼究览古籍，善观天文，习占星之术，能知前古而见未来。周昭王时期，他眼见天下将乱，便辞去大夫之职，请任函谷关令，静心修道，或称“关尹”。《列子》《吕氏春秋》等书中多记为“关尹”“关尹子”。

灵宝函谷关遗址

忽有一天，他见紫气东来，知道将有真人从这里经过。

后来，果然老子西游入关，被尹喜接到草庐安顿。老子在这里著《道德经》五千言，并在楼南高岗筑台授经，留下楼观台这一名称。

楚康王 芈姓，熊氏，本名熊招，楚共王之子。公元前559至公元前545年在位。他推行了“量入修赋”的经济改革，公平地征收军赋，对楚国及后世中国都具有重要的意义。

西安作为十三古朝古都，为世人留下了丰富的文化遗产和历史遗迹。这些文化遗产和历史遗迹，为研究西安的历史、文化、宗教和建筑，提供了不可多得的实物资料。

阅读链接

关于关中八景之一华岳仙掌的来历，还有一段神奇的传说。相传远古时，有一年农历三月初三，忽然一声巨响，汹涌的洪水，很快淹没了良田、村舍。

传说此时天庭王母娘娘正办蟠桃会，老寿星不小心把酒撒下天庭，才变成了人间横祸。玉帝见状马上传旨巨灵仙，排除水患。巨灵仙落下云头，手扶绝壁，缩身挤入大山间，随后山开地裂，洪水退去。

巨灵仙驾云而去。巨灵仙虽然走了，但是他那只仙掌却深深地印在了华山东峰的绝壁之上，给西岳华山增添了一幅神奇的胜景。